名师名校名校长

凝聚名师共识
回应名师关怀
打造名师品牌
培育名师群体

触摸

语文之弦

张振海 著

高中语文教学探究

中国出版集团 现代出版社

图书在版编目(CIP)数据

触摸语文之弦：高中语文教学探究 / 张振海著. —

北京：现代出版社，2022.2

ISBN 978-7-5143-9692-8

Ⅰ.①触… Ⅱ.①张… Ⅲ.①中学语文课—教学研究

—高中 Ⅳ.①G633.302

中国版本图书馆CIP数据核字（2022）第028511号

触摸语文之弦：高中语文教学探究

作　　者	张振海
责任编辑	窦艳秋
出版发行	现代出版社
地　　址	北京市安定门外安华里504号
邮政编码	100011
电　　话	010-64267325　64245264
网　　址	www.1980xd.com
电子邮箱	xiandai@cnpitc.com.cn
印　　制	北京政采印刷服务有限公司
开　　本	710mm×1000mm　1/16
印　　张	12.25
字　　数	196千
版　　次	2022年2月第1版　　2022年2月第1次印刷
书　　号	ISBN 978-7-5143-9692-8
定　　价	58.00元

第一篇　倾情一课醉一生
——课堂教学更新

第二篇　静水流深贵生成
——教学镜头·质疑思考·课例赏读

第三篇　借光写情见风流
——写作教学案例

第四篇　磅礴大气入文来
——写作理论探究

第五篇　质疑辩难见真知
　　——文本解读与疑难问题解答

第一篇

倾情一课醉一生

——课堂教学更新

1

以"人物语言比较"为切入点，上好研究课，学好新教材

——高中语文第一册研究课探索

"全面提高学生的语文素质，提高学生正确理解和运用祖国语言文字的能力，重视积累、感悟、熏陶和培养语感，使学生养成学习语文的良好习惯。在教学过程中，培养学生热爱祖国语文的思想感情和民族共同语的规范意识，提高道德修养、审美情趣、思维品质和文化品位，发展健康个性，形成健全人格。"这是新教材编写的指导思想。在此基础上，新教材改变了原教材的体系和结构，呈现出"致力于学生全面语文素养的提高"的鲜明特点。

针对新教材鲜明的特点，借鉴山西省试教经验，我们采取了"选准切入点，学好新教材"的方法。在"选准思维敏锐点，采用激活学生思维的课堂提问，切实提高课堂效率""选准能力点，采取多样的活动，培养学生多方面能力"的同时，我们深入思考、不断挖掘，采取了"选准研究点，开设研究性课程，引导学生进行研究性学习"的方式，以"人物语言比较"为切入点，开设了"先秦历史散文重点人物语言比较"专题研究课，引导学生进行探究性学习和训练，充分发挥学生的主体作用，激发学生的学习兴趣，培养学生的探索能力，从而真正激活学生思维、发展学生个性、完善学生人格。

一、开设研究课的科学依据

在设置此研究性学习课题之前，我们对教材的体系设置、教材内容、教材能力训练点、新大纲要求、研究现状等方面进行了深入的研究和分析，

发现：

1. **教材体系设置上**。教材把阅读写作与口语交际分开编排，以更有针对性地训练学生的读写和口语交际能力，而这一切均以"语言"为中介。为此，探究"人物语言"实际上正好是探究语文的一个切入点。

2. **教材内容上**。新教材加大了文言文比重，而第一册教材的文言文偏重于先秦历史散文和诸子散文。《左传》《国语》《战国策》中的人物形象栩栩如生，人物语言或委婉曲折，或一语中的，或汪洋恣肆，或气势纵横……这一切都为我们进行重点人物语言比较提供了重要资料，准备了必要条件。

3. **教材能力训练上**。现代文侧重揣摩语言和思路，而文言文要求对课文内容和文言词语的理解，写作中感受生活、联想、想象能力的培养也与之有着紧密的联系。所以，我们可以借助对人物语言的比较牵一发而动全身地扩展延伸到对人物形象的分析、时代背景的了解乃至作品语言的比较，从而更好地训练能力，有效地掌握教材。最重要的是，我们可以通过对人物语言的比较，挖掘每一个历史人物人格的闪光点，从而使学生在锻炼分析能力、概括能力，增强口语交际能力的同时，联系今天的时代要求，健全完善自身的人格。

4. **新大纲"口语交际"的要求**。新大纲对口语交际的要求除了"要养成说普通话的习惯"之外，还有"根据不同场合要求，恰当机敏地进行口语交际（包括发言、演讲、讨论、辩论等）"。这两点实质上是要求学生除了有会讲普通话的素质之外，还要有口语交际的机敏性，而历史人物的某些机敏语言正好是训练学生思维敏捷性的最好版本和最佳借鉴资料。

5. **研究现状分析**。教材对先秦历史散文语言的研究颇多，而具体深入细致的比较研究则很少，因而我们的探究是有益且必要的。我们可以引导学生通过不断的比较，获取新的知识，获得新的发现，并以此为切入点学习历史散文。

联系教学实际情况，我们认为：对于这样的探究性研究，选文应以课文有关知识为主，忌空而泛，忌大而不着边际，忌标题漂亮而无实质，使学生能"跳一跳，摘桃子"，有思考，有启发，有感受，通过辨别、比较、扩展阅读，加深印象，并推动学生对课文知识的了解，促进学生探究性学习习惯的养成。

基于以上分析，我们就以"人物语言比较"这一比较浅显而又紧密结合实际的研究点作为切入点，制定了适合新教材教学的研究性课题。

二、研究目的和操作步骤

在以上分析的基础之上，我们进一步确立了研究的目的和具体的操作步骤。

1. 研究目的。

以对课文的理解为基础，以课题研究为切入点，指导学生汲取博大精深的古文化知识；通过对课文的理解，对人文精神的汲取，陶冶学生情操；通过对语言的借鉴，提高学生口语表达能力；通过探究性学习，使学生写出富有时代气息的个性化文章，相应地培养学生的探究、创造能力，以此带动读写教改实验，步入正规化、科学化、序列化、系统化，使学生良好的语文学习习惯得以养成，健全的人格得以形成。

2. 具体操作步骤。

课本层突破——《左传》《国语》《战国策》有关人物语言比较探索——扩展思考——回顾、扩展（一册教材语言研究）——总结成果。

（1）课本层突破主要对教材第一册历史散文中的重要人物语言进行比较。

（2）设置《左传》《国语》《战国策》三部书的阅读计划，分阶段系统阅读，进行有关人物语言比较探索，寻找、分析印象最深刻的人物语言，写下小论文。

（3）扩展思考主要是对诸子散文的人物语言加以借鉴。

（4）回顾、扩展是对本册教材中相关文章的语言重新进行揣摩。

（5）写下研究性文章，以论文形式总结成果。

在具体操作过程中，要注意时时注入活水，如"名人演讲艺术""国家领导人外交对话"等。平时以小论文形式总结成果，最后以大论文进行总结汇报。在人物语言比较的同时，要紧抓人物语言特点，分析人物心理，推断人物性格，联系时代背景，探究人物思想的时代进步性和局限性，并且借助逆向思维设想历史人物重回今天的情景。

三、研究课的初步成效

在具体的教学过程中，我们采用了"课堂之上的探究""阅览室中自我收集""论文评选""小专题研究""戏剧表演""演讲比赛"等灵活多样的方式，紧密配合教学进度，使学生在获取课本知识的同时，深入地探究，广泛地涉猎与收集，不断地进行比较与分析，写出了大量的视角独特、见解深刻、富有时代气息的文章。

如同为邹忌，有的学生写成文章《其实，你美胜徐公》《由小及大，一腔爱国情怀；以小论大，方显英雄本色》，赞颂邹忌；有的学生反向思维，针对邹忌的多次窥镜和一日三问美，写成文章《邹忌，你的虚荣心太强了》《窥镜比美之心应休矣》，对邹忌的过分爱美加以批评；有的学生则从齐王着眼，写成文章《邹忌，你的聪明在于得遇明主》，分析了邹忌讽谏成功的客观原因。

另外，《你是真正的英雄》赞颂烛之武的深明大义，《肝胆之心，迂回战术》谈尽烛之武、触龙的劝谏艺术，《我眼中的老臣》览尽烛之武、触龙的爱国情怀，《纵横捭阖，说家风采》苏秦的纵横思想跃然纸上……篇篇文章，皆精思妙想，视角各异，思路开阔，观点新颖，异彩纷呈。

通过这一系列的探究性学习，学生的思维被真正激活，学习语文的兴趣空前高涨，课堂气氛变得异常活跃，广大学生不仅收集了大量的可供研究的资料，并且写出了大量的优秀之作。而且在不断探究的过程中，学生自主求知、主动发展的能力得以培养，探究性学习的习惯初步形成。

学生在获得语言知识的同时，口语表达能力得以明显提高，能够在即席发言、即兴演讲中流畅地表达自己的思想。同时，他们在不断的读写、探究中，为古代散文中人物的思想所感染，为故事中的感人情节所感动，为古代文化博大精深的人文精神所熏陶，健康的审美情趣和健全的人格得以逐步培养与完善。

着眼于培养学生全方位素质的要求，我们迈出了引导学生进行自主探究的积极有力的第一步，为培养学生的科学精神和良好意志品质打下了坚实的基础。

面对新教材改革的大好形势，我们将抓住机遇，不断地拓展思路，以"提高学生素质，健全学生人格"为核心，以"全面提高学生的语文素养"为出发点，不懈地改革与探索，为我们的语文教学开辟一片崭新的天地！

师生换位，构建师生共同发展的平台

新课标指出："语文教学应为学生创设良好的自主学习情境，帮助他们树立自主意识，根据各自的特点和需要，自觉调整学习心态和策略，探寻适合自己的学习方法和途径。"这就要求我们必须改变过于强调接受学习、死记硬背、机械训练的状况，重视学生的自主探究、合作学习，引导他们自主学习、主动发展、合作探究，从而促进学生语文素质的整体提高。

在具体的教学中，我们采用师生换位法，让学生以教师的身份、职责来审视教学，增强他们的责任感，从而最大限度地发挥他们的积极主动性，真正提高课堂效率；同时让教师以学生的身份来探究学习的最佳途径和方法，体验学习的甘苦，为全面提高学生素质开创条件，为更为人格化的教学打下基础，为师生的共同发展构建平台。

师生换位之一：让学生自主确立学习目标，增强学生的责任感、使命感，为具体的学习打下思想基础。

如《林黛玉进贾府》课文篇幅比较长，按照以往的教学，我们可能比较侧重对环境、人物性格的分析，对故事情节的了解。但学生可能对教师烦琐的讲解不太感兴趣，因为有一些知识，如故事情节早就烂熟于心了。所以，我们应尽可能引导学生确立自主学习的目标，为他们提供自主学习的机会。

在深入阅读文本之后，有一名学生拟定了这样的自主学习目标：

1. 封建礼教的研究。

2. 人物性格的比较。

3. 评价黛玉。

4. 评价宝玉。

另一名学生拟定了这样的自主学习目标：

1. 文章写了大量的人物，写了他们的接待、备饭等生活琐事，分析其目的。

2. 了解王熙凤的人物性格是如何刻画的。

3. 背诵其中描写人物的精彩部分。

由上可以看出，学生对文章进行了深入的阅读与探究。我们对他们的突出表现大加表扬，鼓励他们去自主钻研，鼓励他们去发现、去创新，他们的学习热情高涨。

突破了以上几点，也就解决了文章的重难点，并且学生自主确立了学习目标，一定会竭尽全力去完成。在学生高涨的学习热情之下，学习效率有了明显提高，三维价值目标也就在教学中得以真正体现。

师生换位之二：让学生明确学习的重点，提出疑难。

如《赤壁之战》一文，大部分学生均明确了以下重点：读熟课文，积累文言实词与虚词，背诵其中的精彩片段。

难点各不相同，有的学生提出：赤壁之战本来是以少胜多的战争，为什么战争场面写得那样少，而战前的谋划却写得那样多？有的学生提出：为什么以孙权为中心来写，而不以刘备为中心来写？还有的学生提出：胜负成败的原因是什么？而有的学生则提出实词、虚词和句子方面的问题。这些都是不断阅读之后深入思考的结果。

我们抓住这些疑难问题，让学生在课堂上深入钻研，自主探究，而后合作交流，学生格外关心自己提出的问题，对其他同学提出的问题也比较感兴趣。这样，学生在激情状态之下，积极地思考，不断地阅读、钻研文本，课堂上充满着思考，充满着思维火花的碰撞与智慧的交流，也就摆脱了以往的沉闷，充满了生机和活力。

师生换位之三：让学生为教师出设考题，使教师苦练教学基本功，与学生共同品味学习的酸甜苦辣，促进师生的共同发展与进步。

如学习《归园田居》时，我问学生对老师有什么要求，有什么问题可以考一下老师，学生提出了这样的要求：师生同写一篇歌颂陶渊明的文章。在学生激动的情绪感染之下，我当场就写了《南山的菊》，并读给学生听。事实证明，没有学生的"逼迫"，也就不会有我的创作激情，也就不会激发我的灵感，也就不会使我更好地发展、更快地进步。真诚感谢我的学生！

师生换位之四：让学生组织戏剧表演、筹划演讲等，教师只做欣赏者，最多只当一名"参谋"。

学生永远都应该是充满激情的个体，我们放手发动学生，让他们自行组织活动。在具体活动中，学生既是组织者、力行者，也是谋划者。更重要的是，他们可以在具体的活动中更好地了解文章，掌握必备的知识，培养自身的能力，开发内在的潜能，培养自身的语文素养。如学习《林黛玉进贾府》时，学生希望自己组织表演剧情，我就放手让他们自行组织、排练，然后在语文课上进行表演，学生的积极性相当高，他们不断钻研教材，不停寻找资料，并选择合适的扮演者，精心排练。为了一句台词甚至一个神态，他们竟能思考很长时间，忘记了休息，忘记了吃饭，真令人感动！

又如学习《鸿门宴》时，学生仔细揣摩角色的心理特征，思考如何布置场景、准备简易的道具，讨论如何更好地表现人物性格，并精心地组织排练，"樊哙闯帐"一节的表演相当精彩。有些班级的"谁是真正的英雄"辩论会和演讲比赛也相当精彩、热烈。

师生换位之五：让学生自己组织讨论，自己确定讨论的主题和探究的内容，先自主探究，而后合作讨论，教师则积极地做一名参与者。

如学习《兵车行》一文时，我引导学生自行组织讨论。学生确立的讨论内容是，文中印象深刻、含义丰富的句子。学生自己组织的讨论相当精彩，有的学生谈到"边庭流血成海水，武皇开边意未已"是主旨句，控诉了唐朝统治者穷兵黩武的罪恶；有的学生谈到"生女犹得嫁比邻，生男埋没随百草"给自己留下了深刻的印象，认为这反常的心理正是对统治者开边战争带来灾难的血泪控诉，是人民憎恨战争的强烈心声；有的学生认为"君不见，青海头，古来白骨无人收。新鬼烦冤旧鬼哭，天阴雨湿声啾啾"使控诉之情达到了高潮。

不断地交流，拉近了师生间的距离，沟通了师生心灵。

师生换位之六：展示成果，师生共同感受收获的喜悦。

我与学生约定，在壁报栏中开设一个板块——"收获的田园"，及时把一些学习成果张贴在这里，自身感悟、优秀习作、心灵的沟通等都可以。有的学生发表了习作，我们及时地张贴，让全体师生共同感受收获的喜悦；有的学生的作业、周记比较优秀，我们也及时地展示；学生成绩有了进步，我们请他写下自己的感受……

有一位教师针对学生自己站起来回答问题，写了一篇《站起来，奋斗的风采》，激励全体学生。我们几位教师也联合起来，把我们发表的一些文章张贴在"收获的田园"中，并让学生写下批语，这不是卖弄，而是一种交流与沟通，真正的目的是让师生共同感受收获的喜悦！

当我们在课堂之上，共同交流这些收获，谈论我们的体会与感悟时，我们都异常兴奋、激动，一种喜悦，一种自信，一种自豪在心中涌动……

希腊散文家普罗塔戈说过："头脑不是一个要被填满的容器，而是一把需要被点燃的火把！"点燃学生的热情，激活学生的思维，激励他们不断上进，是我们的不懈追求。

新课改为语文教学提供了广阔空间，我们要善于运用师生换位，以学生发展为本，放手给他们一个自行探索的空间和机会，让他们在课堂上充满激情、充满活力，让他们在自主学习中发现，在自我教育中创新，在自我激励中品尝成功。同时，师生换位让我们语文教师参与其中，陶醉其中，让学生的激情促进我们青春活力的焕发，在交流中实现心灵碰撞，在心灵碰撞中与学生一同提升自我、发展自我、成就自我！

抓好预习反馈，提高精讲效率

一、错误认识带来的不利

课堂教学的精讲多练是提高课堂效率的关键，而在具体的实施过程中，大多数教师侧重于对大纲、考纲的熟记，对教材的深钻细研，对教法的精心选用，而忽视了对学生预习情况的全面、深刻、细致的了解，缺少对每一位学生的针对性，这势必影响精讲效率，影响课堂教学的效果。

另外，在教学中也存在一种反常的现象：越是"讲课"优秀的教师，学生的依赖性就越强。学生认为单纯地依靠听课就能把语文学好，所以预习也就名存实亡了。这样就严重影响了学生自学能力的培养，使"学生自能读书，不待老师讲；学生自能作文，不待老师改"的语文教学目标不能很好地实现。

二、全面、深刻、细致地了解学生的预习情况

对学生预习情况的了解，一方面可以通过课堂上教师的检查；另一方面可以通过课下的询问及预习作业的反馈。这里，我们主要谈课下预习作业的反馈。

预习作业的内容主要有以下几项。

1. 学习目标的确立。让学生通过预习阅读全文，借助单元训练、预习提示、课后习题等，确立本课的学习目标。

2. 疑难问题的寻找。学生自己寻找疑难问题，不仅能启发学生的思维，而且使教学具有针对性。

3. 核心问题的思考。"核心问题"就是学生必须自行解决的问题，它一

般是课文讲述的重点，也是下一节课要解决的关键问题。

4.读写结合。以写促读，培养学生的阅读和写作能力。

如要了解《药》一文学生的预习情况，可以采取以下步骤。

（一）布置作业

1.文章写了哪两个故事？（了解情节与线索）

2.找出疑难问题。

（二）学生完成

（略）

（三）信息收集

1.情节与线索，学生了解的准确率为90%。

2.疑难问题：

（1）那个给华老栓人血馒头的人认识康大叔吗？

（2）为什么华大妈上坟时见到的那个女人会"羞愧"？

（3）一圈花是谁放的？象征着什么？

（四）确定精讲内容

1.情节、线索略讲。

2.重点分析环境描写，借助学生提出的问题分析人物形象，概括主题，归纳标题的作用。注意对提出问题的学生加以表扬，并启发学生积极思考。

这样，三课时的内容，两课时就能轻松完成。

三、注重预习反馈的优点

全面、深刻、细致地了解学生的预习情况，具体有以下优点。

1.快速性。使课堂上的精讲速度更快，节省了时间，利于引导学生进行横向、纵向阅读与针对性训练。

2.先知性。教师了解了学生预习的具体情况，就能灵活自如地精讲，并找到准确的切入点，启发学生积极思考，培养他们的思维能力。

3.准确性。教师了解了必讲和不必讲的内容，就可以对学生已懂的一带而过，而对存在的疑难和重点问题进行详细讲解。

4.针对性。了解学生预习的具体情况后就可以因材施教，对学生的疑问，或笔答提示，或课堂上启发全班思考；对提出独特问题的学生给予引导、表扬、鼓励，可以使学生（尤其是后进生）的学习热情猛增，从而提高学生的语文素养。

四、对有关问题的思考

1. 是否会使课堂教学模式化？是否忽视了听、说、读、写能力的训练？事实证明，这种预习反馈不仅不会导致课堂教学模式化，反而会使课堂教学灵活多样。因为教师可以在了解学生的基础上，采取灵活多样的方法进行教学，并且有大量的时间进行听、说、读、写训练。

2. 是否使讲读课变成自读课？是否费时、费力？这种预习反馈与自读课的讲授有着本质的不同，它只是课堂精讲的基础与关键，仍需要教师的精讲，仍需要教师的全方位引导。因为它提高了课堂效率，也就谈不上费时、费力。

课堂教学巧提问

课堂提问是课堂教学中的重要一环，精巧的课堂提问不仅是启智导思、拓展思维的重要方式，而且是解决问题的关键。所以，我们在教学中要设置巧妙的提问，以激活学生思维，激发学生热情，使课堂教学有张有弛、波澜起伏地向前推进。精巧的课堂提问应如激流击石，激起学生思维的浪花；应如潺潺清泉，汇入学生心田；应似强箭在弩，一触即发；应似鱼戏莲叶，荡起阵阵漪涟……在具体教学中，我总结出了以下几种课堂提问方式。

一、投石问浪激波澜

对于篇幅较长、内容较多、教学点比较复杂的文章，我们可以借助这种方式来提问。如学习《雷雨》，需要解决的问题是戏剧语言、戏剧冲突和人物形象分析。如果单纯地讲授、分析，会使课堂教学呆板凝滞，所以需要运用适合的能激活学生思维的课堂提问来解决这一问题。因此，我精心设计了这一课的提问："你对周朴园的态度如何？用一个字来概括。"一石激起千层浪，"恨、恨、恨！"我紧追不舍，"为什么恨？""他虚伪！""他凶残！""他狡猾！""他丧尽天良！"学生的热情显然很高，思维也异常活跃。我趁热打铁："为什么这么说？找出根据。""他丢弃的是弱妻病子。""面对侍萍，他恐吓、威逼、利诱。""面对鲁大海，他不认自己的亲生儿子，而且威逼、利诱。""为了发昧心财，他故意叫江堤出险。""他几乎丧失了人性，丧尽了天良！"在学生情绪高昂、踊跃回答的同时，我重点抓住了"周朴园恐吓鲁侍萍"（谁指使你来的？）一节，让学生分角色朗读，要求读出语调，读出感情，并体验一下人物心理，总结一下人物性格，然后引导学生从舞台说明、人物动作表情等多个方面挖掘人物性格。这样，在短短十几分钟内，学生在认真思考、踊跃发言的课堂气氛中，把本篇文章的"戏剧语言和戏剧冲突"了解得一清二楚，人物性格也了解得异常深刻。

如学习《林教头风雪山神庙》，我们可以提问："大家读完本文之后心情如何？"又如学习《屈原》，我让学生谈自己对屈原的态度。这些提问都起到了投石问浪、激活思维的作用。

二、层层铺垫掀高潮

对于教学目标不能一下子完成的文章，如果泛泛地讲述或停留于文章的表层，一定会影响学生对文章的深入了解、深刻感悟，所以我们应层层铺垫，让教学如涓涓细流，渗入学生心田，直至掀起高潮，激起学生探究的热情，最后使学生豁然开朗、回味其中。

如《巴尔扎克葬词》一文，内容比较深奥，人文精神博大精深，学习时，需要深刻了解文章"情与理的高度融合"，体会"内涵丰富的语言"，教师还要对学生进行人文精神教育。如果只是泛泛讲授或急于求成，效果一定不会很好，所以我设置了四个思维层面。

1. 让学生整体感知，找出最能打动自己心灵的一段读一读。目的是让学生感受情感，并相应地突破"厘清思路"和"了解文章的感情脉络"。

2. 让学生思考：假如让你为巴尔扎克写悼词，你打算用怎样的感情基调？写巴尔扎克哪几个方面的成就？目的是让学生体验情感，再次了解文章内容，对巴尔扎克做出评价。

3. 让学生找出感情丰富和哲理深刻的句子，思考其蕴含的感情或深刻的含义。目的是让学生领悟情感，突破"文章情与理的结合"，并总结"揣摩语言的方法"。

4. 扩展训练，让学生对巴尔扎克说一句话。目的是让学生表达情感、升华情感，也相应地锻炼学生仿写句子的能力。

四个思维层面循序渐进，由浅入深，时时围绕激活学生的思维来设计，使学生不仅真正体会到文章特点，而且在每一环节均情绪高昂，学习效果可想而知。

三、设置情境激情趣

一些文章因为距离我们时空较远，如果单纯讲授的话，学生可能兴致不高，也就可能影响课堂教学的效率。在这种情况下，我们应开动脑筋，想办法为教学设置必要的情境，从而激发学生学习的兴趣，使他们兴致盎然地去学习、去求知。如学习《我们对香港问题的基本立场》一文，就可以先放邓小平和撒切尔夫人会谈的录像，让学生身临其境，观看当时会谈的真实场景，了解国家领导人对时局的把握，对收复领土的不可动摇的立场和信念。我们也可以让学生观看香港回归的动人场景，告诉他们这激动人心的场景源于国家领导人的高瞻远瞩和不懈努力，然后问学生："我们对香港问题的基本立场是什么？"从而引导学生兴致盎然地去阅读文章，了解我们对香港问题的基本立场。

对一些美文也可以采用这些方法，如《绿》一文，我们就可以在学生初读的基础上，引导学生思考：如果为课文配上一幅插图，该配上一幅怎样的插图？对于这样新奇的提问，学生非常感兴趣，自然会积极地去想象、去思考。这样，在多次重新回扣课文的基础上，学生会开动脑筋，展开想象的翅膀，进而勾画出一幅幅优美的画面。通过以上训练，不仅促进了学生对课文内容的了解，也培养和训练了学生的想象力与创造力。

四、比较之中激思维

对于同类体裁或内容相似的文章，我们可以放在一起加以比较，从而真正激活学生思维，使学生在细致的比较阅读中发现异同点，从而更深刻地理解文章的内容和特色。

如学习《巴尔扎克葬词》时，就可以问学生："这篇文章与《在马克思墓前的讲话》有什么异同？"然后引导学生把它和《在马克思墓前的讲话》加以比较。学生通过细致阅读，很快发现这两篇文章的异同：相同之处在于两者都是悼词，都表达对友人的深切悼念。不同之处在于写法上，前者是情理融合，后者是常规写法，前者感情激越，后者感情深沉；语言上，前者文辞华美，蕴含哲理，后者则文字朴实，字字含情。出现以上不同的原因是，被悼念者的身份不同，巴尔扎克是文学大师，马克思是无产阶级革命运动领袖；作者身份不同，雨果是法国浪漫主义文学运动领袖，恩格斯是无产阶级革命运动领袖、政治家。

这样，借助比较阅读，学生在思维活跃的情况下，很顺利地完成学习任务，课堂效率可想而知。

另外，学习《记念刘和珍君》时，可以把它和《为了忘却的记念》相比较；学习《六国论》时，可以将其与《过秦论》相比较；学习《琵琶行》时，可以联系《明湖居听书》，这些都起到了激活学生思维的作用。

五、假设之中引思考

为了真正激发学生兴趣，引起他们对问题的深入思考，培养他们的联想能力和创新能力，我们可以采用假设法。如学完《鸿门宴》一文，为了使学生对人物性格有更新更深的理解，对文章内容有更深刻的感悟，更为了拓展学生思维，发展学生创新能力，我提出以下问题引导学生思考并写出文章：①假如我是项羽；②假如历史重回到今天；③假如我是刘邦。学生在深入思考的基础上，大胆想象，深入探索，一篇篇富有新意的文章现于笔下，对人物性格有了更深的了解，对故事本身也有了更深刻的认识，同时拓展了学生思维，训练了学生的写作能力、想象能力和创新能力。

沉闷、呆板的课堂提问往往使学生产生厌烦情绪，浅尝辄止的课堂提问又激不起学生的兴致，静如止水的课堂教学也会使效率低下，这一切都需要我们开动脑筋，精心设计巧妙的课堂提问。

巧设一个含金量高的课堂提问，为学生创设一个良好的问题情境，给学生一个思考的空间，从而给学生插上思想的翅膀，赋予他们思考的灵性，使课堂效率提高，使学生知识日益丰富，使他们的能力不断发展，人格不断完善，这是我们课堂提问追求的理想境界，也是我们梦寐以求的目标，让我们为之而不懈努力吧！

语文教学中的"加、减、乘、除"

高中语文新教材突出了语文的人文性和文学性，注重文化熏陶以及鉴赏能力和审美能力的培养，强调语文文化载体的特殊功能和编排上的训练序列等。

这一系列的变动和改革，为当今语文教学带来了新的气息，令语文教师耳目一新。新教材的全面修订对教师提出了更高的要求，转变教育观念、改革教学方法至关重要。以全新的观念关注教材和学生，不断提高理解、领悟、运用新教材的能力，在具体教学中充分发挥学生的主体作用，使学生成为自主学习、主动求知的主体，已是摆在我们面前的重要任务。

我校在进行"学生自主学习实验"的同时，对新教材的处理也进行了一系列的探索和改革，并总结出了一套行之有效的处理教材的方法，那就是在具体的教学中进行重新整合，在课堂教学中运用"加、减、乘、除"来处理新教材，取得了良好的成效。具体情况如下。

一、"加"——适当补充，扩展思维

对于体裁相同、题材内容相似，甚至同一作者的不同文章，我们可以适当补充，适量扩展，使学生在有限的时间里获取尽可能多的知识，也使他们对作家、作品有更深的认识，更深刻、全面的了解，相应地起到潜移默化、举一反三、扩展知识面的作用。

如教学《假如给我三天光明》时，在完成教学任务的基础上就可以适当补充。我们可以补充朱自清的《匆匆》，也可以推荐学生阅读冰心的《谈生命》，从而让学生了解时光的匆匆，生命价值的珍贵，激起学生对生命的热爱。同时可以比较这三篇文章作者的不同、文章内容的区别、艺术特色的个性所在。

由于这样的课堂教学，以一篇文章为重点，其他为辅助，使学生不单纯地拘泥于课本，不被教材的框框所束缚。学生的兴趣一般都很高，自我问题意识比较浓厚，也就能自我发现问题，寻找不同，对文章的理解和内容的感悟也就比较透彻、深刻。

再如教学《兵车行》时，可以适当补充"三吏""三别"，让学生感悟战争的罪恶；教学《登高》时，可以联系杜甫的《茅屋为秋风所破歌》，让学生了解杜甫晚年的穷困潦倒和忧国忧民的情怀；教学苏轼的《念奴娇·赤壁怀古》时，可以补充《江城子·乙卯正月二十日夜记梦》，让学生了解诗人豪放风格之外的另一种缠绵、凄凉情感；教学《伶官传序》时，可以补充孟子的《生于忧患，死于安乐》，让学生了解"生于忧患，死于安乐"的道理。

课堂教学中的"加"，只是适当的补充，需要注意量的要求，不可过多过滥，应根据教学目标和任务的具体要求来确定，并注意材料的详略和出示时机。另外，还要紧密联系学生心理实际，以期达到激发兴趣、激活思维、扩展知识面的作用。

二、"减"——删繁就简，去枝取干

新教材增加了大量的篇目，这些鲜活的材料怎样控制处理才能起到应有的作用？怎样才能实现"少课时、高质量、轻负担"的教学呢？这就需要适当删减，在掌握教学重点的前提下，删繁就简，去枝取干。

如教学《拿来主义》时，我不讲背景，不讲作者，也不逐层分析，而是一开始就让学生熟读课文第7自然段，并且要求学生依据"所以，我们要运用脑髓，放出眼光，自己来拿！"一句中的"所以"，从上文中找出与之相呼应的"因为"，并思考"因为"应该放置的确切位置。经过阅读分析，学生能得出"因为"应放在开头，并且经过梳理，很快就把握住了行文的思路：因为实行闭关主义、送去主义、送来主义都不行，所以我们要运用脑髓，放出眼光，自己来拿！也就是要实行拿来主义。

这种删繁就简、去枝取干、直奔主题的教学方式，大大激发了学生的阅读兴趣和思考、表达的欲望，也让学生明确了文章具体内容的因果关系，把握了文章破与立的写作意图，体味到了行文曲折有致的气韵美和思辨的力度，可谓一箭数雕。

又如教学《琐忆》时，我既不串讲，也不分析，而是把主动权交给学生，让学生自己去分析。我引导学生从"琐"字出发，解释其意义，让学生从全文中找出——共写了几件事，然后将这几件事按一定的标准分成两类，每一类用一句精练的语言来概括、来统率。学生做此题并不费力，但却充满了热情，教学目标"概括文章的内容要点""体会概括作用的语句"也就顺理成章、水到渠成地完成了。

再如教学《阿Q正传》时，可以让学生谈对阿Q的态度，而后讨论为什么；教学《胡同文化》时，可以让学生直接找语言生动精彩的句子；教学《绿》时，可以让学生直接读写梅雨潭的绿的一段，然后回扣其他；教学《过秦论》时，可以让学生直接找秦的过失……这些都可以起到攻克教学难点、完成教学目标的作用，也就相应地提高了课堂效率。

三、"乘"——开拓延伸，生发深化

课堂教学要紧扣教材，以教材为依据，然而这并不等于课堂的讲读内容都要拘泥于课本，不能越雷池一步，这样将会陷于机械、死板、僵化。另外，一些文章必须深化，才能加深学生对内容的了解，所以在课堂上应该对教学内容进行适当拓展、深化。这样既可以激发学生兴趣，加深学生对内容的了解，又能活跃课堂气氛，扩大学生视野，增加课堂的知识含量。

如学习《鸿门宴》，分析刘邦、项羽的形象时，可以联系《大风歌》和《垓下歌》，让学生了解一代帝王当年志吞天下、安定四方的情怀和一代英雄濒临绝境的慷慨悲吟；可以联系毛泽东的"宜将剩勇追穷寇，不可沽名学霸王"，深刻透析项羽匹夫之勇、执迷不悟的性格；可以联系刘邦的"说三杰"，了解刘邦礼遇贤才、知人善任的不凡胸怀；可以补充杜牧的《题乌江亭》"胜败兵家事不期，包羞忍耻是男儿。江东子弟多才俊，卷土重来未可知"，王安石的《乌江亭》"百战疲劳壮士哀，中原一败势难回。江东子弟今虽在，肯为君王卷土来"，并适当渗透李清照的《夏日绝句》"生当作人杰，死亦为鬼雄。至今思项羽，不肯过江东"，使学生对人物形象有更深入、更立体的了解，明确分析事物的立场、角度不同会有不同的认识评价；我们还可以进行逆向思维训练，让学生思考假如历史重回到今天……这两位人物的不同命运。这样深入挖掘，开拓延伸，就从横、纵两个角度使学生对项羽、刘邦有了更新、更立体的认识，对事物分析也就有了更理性、更哲学的见解。

通过以上拓展、深化，不仅开阔了学生视野，还训练了学生思维，发展了学生多角度分析事物的能力，使学生对事物有了更为深刻、透彻的认识，也就真正增加了课堂教学的知识含量。

如教学《秋水》，可以深入探讨庄子的思想处世观；又如教学《劝学》，可以联系《论语》和当今《学习的革命》，深入探讨古今教育的一脉相承和发展创新；再如教学《在马克思墓前的讲话》，可以自然引申到对生产力和生产关系、经济基础和上层建筑的讲解。

课堂教学中的"乘"除了要求教师有正确的教学思想之外，还必须有渊博的知识和驾驭课堂的能力。要能放得开，更能收得拢，要收放自如，恰到好处。一堂好课应如一篇散文，能做到形散而神聚。通过教师的"开拓延伸，生发深化"，扩大视野，训练思维，获取知识，发展能力，使学生感到教师的扩展、深化是必要的，是有目的的，看似信手拈来，实则匠心独运。

四、"除"——选中要害，举一反三

新教材为我们提供了众多的材料，如何才能利用这些材料高效优质地完成教学任务，提高教学效率呢？从主客体来分析，我们知道：学生在多年的语文学习中已经形成了一定的思维习惯和分析问题的方式，如果我们课课统讲，方法上亦步亦趋，学生定会觉得陈旧、单调和乏味，学习效率肯定不会很高。从学生的接受心理着眼，我们知道，对于一篇文章，学生只有一个思维敏锐点；对于一类文章，学生也会有一个共同的思维敏锐点，所以，我们可以充分利用这一思维敏锐点，激发学生思考、探索的热情，来攻克一类文章。这就是语文教学中的"除"——选中要害，举一反三。

如高一新教材文言文《烛之武退秦师》《邹忌讽齐王纳谏》《触龙说赵太后》几篇文章，学生比较感兴趣的就是人物特色，而人物特色又是以个性化的语言表现出来的，所以对人物语言加以比较也就成了理解这几篇文章的切入点。于是，在学生诵读文章，积累重点文言实词、虚词和句式的基础上，我们重点对这三篇文章中的人物语言进行了比较，通过语言比较，分析人物心理，推断人物性格，联系时代背景，探究人物思想的时代进步性和局限性，并且借助逆向思维，设想一下这几个历史人物回到今天的情景。

这样，借助"人物语言比较"这一切入点，学生兴致高昂地去阅读、去分析、去探索、去比较，对人物性格、文章主旨、艺术特色在短短的两节课内就了解得一清二楚。

这种"选中要害，举一反三"的方法，实际上是借助一个切入点把多篇文章当一篇文章来教。通过以上这种探索和研究，不仅节省了时间，最重要的是激发了学生思考、探索的热情和能力，使学生的思维变得异常敏锐，比较、领悟能力不断提高；学习《过秦论》《六国论》和《阿房宫赋》，可以比较其论点，探究其成因；学习《游褒禅山记》《石钟山记》《登泰山记》，可以针对记游特点的不同加以比较探索，都能起到激活学生思维，举一反三的作用。

这样教学，久而久之，学生会自主探究、自主学习，语文教学也会变得轻松愉快，活泼有趣，扎实有效。当然，这需要教师高屋建瓴，真正把握教材，掌握学生心理，找到学生心理和作品之间的切入点，从而选中要害，举一反三，真正提高课堂效率。

新教材的重新修订不仅需要我们树立新型教师观、学生观和课堂观，还需要我们树立新型教材观。"加、减、乘、除"教学法只是学校课堂教学中处理新教材的一种方式，新教材的处理方式还有很多，我们只有紧密联系教学实际，不断更新教育观念，不懈地研究和探索，才能够驾轻就熟地用好新教材、学好新教材，也才能为试教的成功做出应有的贡献。

课堂提问要激活学生思维

一、不能激活学生思维的课堂提问的某些弊端

课堂提问是课堂教学中一个至关重要的因素。适当的课堂提问不仅能刺激学生积极思考，对知识产生极大的兴趣，而且能够创设良好的课堂气氛，训练学生的思维品质。针对性极强的课堂提问能够培养学生良好的个性，从而在大幅度提高课堂效率的同时，全方位提高学生素质。而我们在具体的教学工作中，设置的课堂提问往往不能最大限度地激活学生思维，这样就使学生对课文的浓厚兴趣在平淡、沉闷的课堂提问中逐渐消失，学生的积极性被打消，完全变成被动接受的机器，学生的主体作用不能真正地发挥。这种不能激活学生思维的课堂提问使学生的思维能力和对问题的敏锐程度降低与减弱，就不利于培养学生良好的思维品质；使学生的注意力和思考力降低，导致课堂教学的低效率，不利于教学目标和任务的顺利完成。

二、选取能触及学生思维敏锐点的课堂提问激活学生思维，是课堂提问的最高境界

心理学研究表明，学生对事物的认识（在同一时间情况下）只有一个思维的最敏感问题，我们称之为"思维敏锐点"。同样地，学生对一篇课文的学习（在同一时间情况下）也只有一个"思维敏锐点"。相比之下，学生对其他问题的敏锐程度则弱一些。

针对以上情况，我们在教学中必须打破以往沉闷、平淡的课堂提问模式，直接寻找知识与学生思维之间的"焊接点"，让这个"焊接点"刺激学生积极地思考，迅速、有效地解决问题，也相应地训练学生的思维品质。这

应是课堂提问的最高境界。

如讲述《林教头风雪山神庙》时，在学生整体感知课文的基础之上，我直接提出问题："大家读完文章的前半部分之后心情如何？"学生说出"压抑"之后，我紧追一问："为什么压抑？"于是，学生活跃了起来，积极思考这个问题，自然地说到林冲的"逆来顺受，随遇而安，刚燃起的反抗怒火又熄灭了"，对文章的故事情节也有了透彻的了解。"那么什么时候心情舒畅？"学生自然会找到"怒杀贼人"这一节，从而在感情上调动了学生的积极性，也训练了他们的朗读能力。这样，学生就把林冲被逼上梁山的故事，尤其是他的性格变化，体会得十分深刻。

另外，学习《明湖居听书》时，我让学生用一句话概括白妞的说唱技艺，并说出为什么；学习《屈原》时，我让学生谈自己对屈原的态度，都起到了激活学生思维，活跃课堂气氛，提高课堂效率的作用。

三、触及学生思维敏锐点的课堂提问问题的设置与寻找的两条途径

1. 教师高屋建瓴、统观全局地把握与寻找。设置能触及学生思维敏锐点、激活学生思维的问题，需要教师在统观教材、明确教学目标，查阅资料、反复思考，了解学生心理的基础之上，去粗取精，舍弃那些学生自己能明白、距离学生思维敏锐点较远的问题。

2. 抓好预习反馈，从学生提出的大量问题中筛选。这一途径更直接一些，因为学生自己提出的问题一般是经过深思熟虑、最感兴趣的问题，在课堂上提出具有更大的吸引力，学生的思维会更为活跃，课堂气氛会更为热烈，效率也就可想而知。

具体操作步骤是，在上完一节课的同时，相应地布置好下一节课的预习作业：把你最感兴趣的疑难问题写在作业本上。待学生交齐之后，教师进行整理，统计有共性的问题，作为下一节课提问的核心问题；记下个别学生提出的问题，课堂上适当提问或鼓励，并在预习作业上给予笔答提示，这样不仅能找到激活学生思维的问题，而且能使学生积极主动地学习，养成自我探索的习惯。

四、激活学生思维问题设置应注意的几点

1. 问题设置必须紧紧围绕教学目标展开。课堂教学的每一个环节、每一个因素都是为了教学目标的完成，所以必须为教学目标的完成而服务。否则，再新奇的课堂提问也没有实际价值。

2. 问题设置既要引导学生将思维高度集中，又要注意层次性。问题设置既要让学生把注意力高度集中在这一问题上，积极思考，又要注意这一问题的适当"变式"，通过难度不同的对核心内容的提问，调动不同层次的学生思维的积极性，使每一位学生都能回答问题，都能回答好问题，以此作为激活学生思维、引导学生积极思考的出发点。问题过难或过易，都不利于调动学生思维的积极性。

3. 灵活地控制课堂气氛。设置的问题应能激活学生思维，活跃课堂气氛。当发现学生不能深入思考时，我们必须及时地、适当地引导和鼓励，也可以让学生互相讨论、互相补充，从而调动学生的积极性。

4. 针对学生个性变换提问的内容与方式。在设置核心的激活学生思维的问题这一前提下，我们应针对个性不同的学生，围绕核心问题，适当地变换提问内容，改变问题的难易程度，乃至提问时的方式、语气等，从而使学生个性得以真正培养。

5. 注意问题的深入性。激活学生思维之后，我们不能停留于表面，应由浅入深，使学生的知识得以丰富，良好的思维品质得以培养。

五、激活学生思维的课堂提问的优越性

激活学生思维的课堂提问除能激发学生兴趣，引导学生思考，大幅度提高课堂效率，全方位提高学生素质之外，主要还有以下优点。

1. 利于培养学生良好的思维品质。激活学生思维的课堂提问能找到触发学生思维敏锐点的问题，从而使学生思维高度集中，更有利于训练学生思维的敏锐性。在此基础之上，学生思维的广度和深度也会逐渐增强。

2. 利于培养学生的独立精神。问题寻找与设置的两条途径都考虑了学生积极思考、解决问题的独立性，尤其第二条途径，学生自己寻找问题，课堂之上回答，并且他们提出的问题一般就是教材的难点。这样，学生在具体的初步思考、课上深入思考的多次参与和课上自主、热烈的讨论中，独立精神

得以培养，良好的学习习惯得以养成。

3. 利于培养学生的个性和创造力。针对学生的不同特点，我们采取适当的措施，使每位学生都能按照教师事先设计好的思维程序而努力，其间加入适当的引导和鼓励。这样，学生的个性和创造力得以真正培养。

4. 利于对学生进行情感教育。激活学生思维的课堂提问能触及学生的思维敏锐点，激起他们情感上的共鸣，这样就有利于对学生进行各种形式的情感教育。

综上所述，激活学生思维的课堂提问有着较大的优越性，它渗透着素质教育的若干因素。因此，我们可以说课堂提问一定要激活学生思维，而激活学生思维是课堂提问的最高境界。

没有灵魂的热爱，就没有心灵的自由飞翔

——诗词教学点滴谈

"诗言志"，运用诗进行教育，称作"诗教"。诗教，堪称我国传统教育中的一朵奇葩。早在春秋时期，孔子就说："入其国，其教可知也。其为人也，温柔敦厚，《诗》教也。"

诗词教学只有贴近生活，回归审美，汲取国粹，才能真正地涵养学生心灵，提高素养，健全人格。语文是生活，是审美，更是文化，而最终落脚点是心灵。诗词教学只有超越一般的文章和语言文字的教学，才能真正关注心灵。对广大师生而言，没有灵魂的热爱，就没有心灵的自由飞翔。针对望而生畏的诗词教学，我们可以从以下几个方面入手。

一、提高教师自身对诗歌的敏感程度

名家大师对诗歌的垂青，对吟诵的热爱，对诗词的陶醉痴迷，让我们当代教师为之倾倒和汗颜。

余光中先生写过一篇《我的国文启蒙》，里面有这样的片段：

他是戴伯琼先生，年已古稀，十足是川人惯称的"老夫子"。冬天他来上课，步履缓慢，仪态从容，常着青衫，戴黑帽，坐着讲书。至今我还记得他教周敦颐的《爱莲说》，如何摇头晃脑，用川腔吟诵，有金石之声。这种老派的吟诵，随情转腔，一咏三叹，无论是当众朗诵或者独自低吟，对于体味古文或诗词的意境，最具感性的功效。戴先生入情，"摇头晃脑"自我陶醉，可谓欲教别人有情先要自己入情；入理，一咏三叹，一波三折，情随言从，意走心腔，这源于自己对文章的情韵涵泳，理纹洞悉；入

境，针对古诗，常人说，只可意会不可言传的，所以多读深味是取法之道，"朗读"与"低吟"表面诉诸于外，而体味细品则是涵泳于内的，这就是入境的妙处。

梁实秋在《记梁任公先生的一次演讲》开头，记梁启超先生讲一首古诗《箜篌引》：

公无渡河。公竟渡河！渡河而死，其奈公何！

这四句十六字，经他一朗诵，再经他一解释，活画出一出悲剧，其中有起承转合，有情节，有背景，有人物，有情感。我在听先生这篇演讲后二十余年，偶然获得机缘在茅津渡候船渡河。但见黄沙弥漫，黄流滚滚，景象苍茫，不禁哀从中来，顿时忆起先生讲的这首古诗。

因天生素质的不同，我们似乎无法与名家比肩，但冷静思考，我们对古诗文的敏感程度确实需要提高。只有增强自身对古诗文的敏感程度，才能在讲授之时不觉得枯燥，教学之中才能多一些诗味，多一份情趣，多一份快乐、从容与洒脱。

二、关注学情，合理取舍，提升课堂效率

精心备课，设计好导学案，这是提升课堂效率的有效途径。关注学情，从学生的思维敏锐点着手，思考学生知识的盲点、兴趣点、技能培养点，并把这些与新课标结合在一起，合理取舍，明确课堂目标，设计篇幅合适的学案，以学定教，才能实现优质高效的教学。

如学习《登高》，通过预习，学生的疑问如下：

1. 诗人作此诗的背景是什么？

2. 诗人写景运用了哪些表现手法？

3. 诗作抒发了诗人哪些复杂的情感？

在此基础上，我们以这几个问题作为整堂课的主问题，把这堂课的目标设计为：

1. 理解杜甫在本诗中流露的深沉的苦痛和忧思。

2. 赏析本诗情景交融的特点。

3. 有感情地朗读这首诗，做到熟读成诵。

关注学情，乃是诗歌教学的出发点。学习每一课，都可以让学生写下疑问，也可以让学生思考最感兴趣的一句并进行赏析，当然也可以放手让学生

执教一课，让他们倾情一课，美妙一生。

三、备精一堂课，以情激情，增强课堂教学的无穷魅力

如程翔老师讲解《梦游天姥吟留别》，课堂快结束时，他慷慨激昂，对天姥山进行了个性化的解读："天姥山仿佛就是一个小朝廷，李白曾经梦想过，努力过，现在看来真是一场梦！还是'访名山''开心颜'的好！"好多听课者有醍醐灌顶的感觉，十几年过去了，程老师的独创之见犹在我们耳边回荡，这就是独创研究的魅力所在。

备精一堂课，需要联系诗人经历，真正走进诗人的心灵，知人论世，只有这样，诗歌才不是冰冷的枯燥文本，才有深刻的内涵，才有动人心弦的激发读者兴趣的温度。如教学《茅屋为秋风所破歌》，在备课过程中，我们发现了图书室中一本薄薄的《杜甫传》，详尽记述了杜甫生命中每个阶段的心路历程，感人至深。所以，在课堂教学的最后环节，我描述了《杜甫传》中杜甫生命结束那一时刻的场景，学生感触颇深，然后我又组织了这样的语言，激发学生的情感：

唐大历五年，秋冬之际，我们伟大的诗人，忧国忧民的伟大诗人，饥寒交迫，贫病交加，死在行往衡阳的那条破船上……一颗巨星就在这无限的孤独、寂寞中陨落了。

下面让我们带着对伟大诗人的崇敬之情齐读《茅屋为秋风所破歌》，开始！

这样描述场景，以情激情，辅以朗诵，学生的情感自然受到感染，对诗歌的领会也会更加深入。

四、读写有机结合，启发思考，启迪思维，表达心声

读写有机结合，以写助读，以写促读。通过写作来推进阅读，来推进学生的语文学习。在写的过程中，上升到思维，上升到感悟，上升到人生体验的层面，核心是引导学生体悟文化的精髓、生活的哲理，从而提升自己的人生境界。

（一）融入生活，歌咏时代

融入生活，歌咏时代，让心灵与时代的脉搏一起跳动。如针对港珠澳大桥的开通，学生的吟咏之作如下。

胥美虹：

其壮哉！彰显大国风范，创新时代；其美哉！展示气势磅礴，开拓未来！

新大桥，新希望，新征程，以更加气势磅礴的雄心壮志，创造着中国的下一个奇迹！

陈月丽：

大地决决，大朝滂滂，海水图腾蛟龙，火焰涅槃凤凰，十多年的潜心钻研，今日终成荣光。

孙若琳：

大桥立，举国庆，庆精神不朽，一相连，万民祝，中国山河锦绣，与伟大卓绝同行！

以上激情洋溢的作品是学生心灵的真实写照，他们的心灵、他们的思维，与时代同步，他们用火热的真情去拥抱社会，吟诵高歌。所以，他们的作品充满磅礴的激情，感动人心的时代力量。这是学好诗词的落脚点与归宿。

（二）品情入诗，沉浸意境

学习《古诗十九首》后，学生的优秀习作如下。

王守正［高一（12）班］：

树倒，风散，叶落，故人去。

近处，镜中人无助啜泣，苍白的双颊，没有血色。未隐身先醉，眼中流血，心内成灰。

"今古恨，几千般，只应离合是悲欢。"放下吧！她在心中轻声说，目光望着远方，眼泪顺着鬓角落下，她听见清脆的声响，像是涸辙之鲋等待最后一丝的滋润……

张丽娟［高一（12）班］：

依旧是斑驳的青石板路，发霉的墙脚有浓得散不开的岁月香气，我走过一街角，身后，轻轻浅浅的唱腔依旧清晰却恍惚，君不见满山枝头，尽是离人眼中血。

积雪堆满冷涩的港口，搁浅的船守着昏黄的灯，是你发丝落雪时的彷徨，还是你思念的深浅不一？

通过这样的创作，学生完全沉浸于《古诗十九首》的意境之中，品诗，品情，品意境；入诗，入味，入心灵。以写助读，以写带读，让学生在意兴盎然中走进文本，沉浸其中，陶冶情操，凝成智慧，完善心灵，何乐而不为？

（三）赞颂伟人，歌咏人格

学习《永遇乐·京口北固亭怀古》之后，学生的创作如下。

杨家鑫：

赠辛弃疾

金戈铁马前半生，本想赴死报国情，
谁料事事难如意，只能空对江山倾，
苟安愤懑之慷慨，深沉爱国之豪情，
老当益壮志犹存，可怜无人召回京，
此情此志邀明月，可叹可敬可悲情。

王豪杰：

写给辛弃疾

英雄迟暮南归燕，
壮志难酬心悲寒。
铁骨铮铮擎热血，
无可用武空嗟叹。
愿能踏尽瀚海冰，
烈马啸惊边关风。
彩虹西挂英雄在，
叱咤风云报国情。

张明静：

致稼轩

抗金复国心愿急，壮志难酬志难寻。
金戈铁马赴戎机，叱咤风云无人敌。
独饮一杯江南酒，栏杆拍遍剑铮铮。
傲骨霜天霹雳魄，魑魅魍魉皆遁形。
潇潇洒洒风流去，英气浩荡谁能及。
来世定做文武人，江山依旧枕寒流。

满怀激情，表达对词人伟大人格的赞颂，这些都是基于对文本、对诗词的反复诵读品味，对相关背景的观照，对诗人情怀的思考。走进伟人，品评胸怀，感怀抱负，在一腔热血中，在流动的字里行间，我们感悟伟人的伟大人格，品味诗词不同一般的意境，人格的种子自然生根发芽，而后成长为参天大树。

（四）体验经典，体悟情感

学习《琵琶行》后，学生的诗词创作如下。

张梦妍：

轻拂琵琶默默语，抑曲难抑心中情。情到极处了无言，只叹无声胜有声。

邢晓凡：

浔江客船秋风急，琵琶嘈切适人意。左迁之悲未消解，沦落天涯情何知？

徐鑫宇：

江头送友闻琵琶，听诉倡女身世苦。同命相怜沦落人，重闻琵琶青衫湿。

胡鑫彤：

送客忽闻琵琶声，声中诉尽弹着情。沦落天涯惹人泪，拟歌赠予同命人。

杨家鑫：

述琵琶行并序·乐无情

琵琶语，

动人心，

诉尽平生事；

弦骤停，

曲终归，

落泪卷红尘。

错把陈醋染成墨，

写尽平生纸上酸。

幸得京女琵琶语，

才知苦楚彻心扉。

本应共赏秋江月，

怎料泪落青衫湿。

琵琶行中琵琶语，

琵琶语述琵琶情。

琵琶情丝皆是泪，

只怜身世江风吹。

每部作品、每首诗都是心灵的真情抒发。这些作品，书写情怀，感悟经历，与诗人同悲同喜，一同步入那个秋叶飘零的时节，在枫叶荻花秋瑟瑟中，共唱"同是天涯沦落人，相逢何必曾相识"，饮一杯知音相思酒，话一曲贬谪失意情，诗词只是凭借，一杯愁绪，一种同病相怜，也就魂化为亘绝古今的千古绝唱。

五、兴趣导航，活动为翼，提高学生的文学素养

积极开展经典诗词朗诵会、征文比赛、读书报告会等活动，激发学生的兴趣，让学生在活动体验中提高朗诵技能，提升写作能力，把古典诗词的学习变成一件赏心悦事。

"诵读传承文明，抑扬顿挫沟通你我心灵；诗词浸润人生，悲欢离合凝聚华夏魂魄。"语文教师利用课余时间对学生进行诗歌朗诵的深入指导，蕴满书香气息的诗歌朗诵会为语文教学增添了活力，激发了学生学习诗词的兴趣，一首首经典作品被学生吟诵，或声情并茂，或温文尔雅，或犹如高山流水般高低起伏，令人赏心悦目。这样就把古诗文诵读、经典名著阅读等内容和日常语文教学融为一体，从而提高了学生的文学素养。

六、深入拓展，理性思辨，实现心灵的真正阅读

推荐优秀书目，让学生广泛阅读，深入阅读，引领学生开阔视野，培养学生的辩证思维。如莫砺锋的《诗意人生》、余党绪的《古典诗歌的生命情怀》，都是可以引领学生大量阅读的好书。借助这两本书的阅读，启迪学生心智，激活学生思维，让学生打破思维的浅层次，冲破阅读定式，实现心灵的真正阅读，从而扩展视野，积淀文化，提升语文素养。

七、结束语

让诗意深入心灵。诗意不仅仅是风花雪月的吟唱，更是一种人文情怀，诗意的心灵，是美好道德品质的创造者。学生一旦具有了诗意的情怀，就会热爱生活，尊重生命，完善自我，让自己具有良好的道德修养和人文修养以及健全的人格与健康的心灵。

面对古典诗词教学的现状，我们语文教师只有提升敏感程度，精心设计课堂，让课堂充满张力；读写有机结合，启发思考，表达心声；采用多种形

式的活动，激发学生兴趣；深入拓展，理性思辨，实现真正的心灵阅读，才能真正提高诗歌阅读教学的实效，提高学生的文学素养，弘扬和培育民族精神，为学生终身学习和个性发展奠定基础。

好的语文教学，应该是深刻理性的教育思索与轻盈飘逸的语文遥想的绾结点；好的语文课堂，应该有理性的土壤，诗性的生长。没有灵魂的热爱，就没有心灵的自由飞翔，理想的境界在前方，我们一直在路上！

生命教育，叩问几许？

——以部编版教材语文高一下册为例

一、课前五分钟活动引发的生命思考

课前五分钟活动：最感动人心的一篇文章推荐

课代表：今天推选的最感动人心的文章是《与妻书》，请看我们写给它的颁奖词：

视死如归，是最勇敢、最博爱的人生选择。当万马齐喑、满街狼犬，他抛妻别子，为了使命与信仰，挺身而出，勇赴死地，为天下人谋永福。一种爱，博大无私；一种情，感天动地；一篇文章，足以让我们在生离死别中感受震撼人心的伟大力量。

师：为什么推荐这篇文章，请同学们谈一下自己的体会。

生1：《与妻书》情真意切，读后情入肺腑，让人潸然泪下，被誉为"20世纪中国最美情书"，也是最感人的遗书。文章是作者咬破手指后将血与墨融合，用娟秀的小楷写在手帕上的。极度悲伤的挚情，在爱的驱使下理性地隐忍流露，压抑释放，泪珠和笔墨齐下，足以感人肺腑，感天动地。

生2："吾至爱汝，即此爱汝一念，使吾勇于就死也。吾自遇汝以来，常愿天下有情人都成眷属。"正因为爱得深沉，所以能勇敢地面对死亡。对妻子的爱与留恋，对亿万民众的关心，使之倾洒热血，勇赴死难，这是真爱中无上的责任，这种情感，无比的崇高与博大。

生3：家国大爱与儿女私情对冲，循理而往与心有难舍纠结，慷慨悲壮与

缠绵悱恻交集，"为天下人谋永福"的热血勇毅，"爱汝一念，使吾勇于就死也"的绵绵悲情，一封诀别信，令后人读之无不动容。

在生离死别中感受这种献身的伟大力量，这份抉择的撼动天地，我想到了谭嗣同的"我自横刀向天笑，去留肝胆两昆仑"，想到了文天祥的"人生自古谁无死，留取丹心照汗青"，想到了鲁迅的"寄意寒星荃不察，我以我血荐轩辕"。

师：《与妻书》让我们在生离死别中感受到震撼人心的伟大力量，大爱与私情间挣扎不已的人性，是真正动人心魄的调性与底色，这是《与妻书》打动人心的力量所在。时隔百余年，重读此文，作者对爱妻的真情，"以天下人为念"的信念，舍生取义的气度风范，令人动容。

此刻，我想到了驰援武汉的护士冯亚珠写给家人的一封信。她把亲情和爱一笔一画、一字一句浓缩在字里行间；想到了最美"夫妻档"，丈夫朱家旺、妻子张艳，为了同一项任务、同一个目标，毅然奔赴武汉战"疫"前线，"馨馨，爸爸妈妈要出一趟远门，在家乖！"成为最动人的话语；还想到了南昌大学第二附属医院急诊科的主治医生胡谦，抛下怀孕的妻子，奋战在抗疫一线。妻子知道，除了自己，丈夫还有更多的人要守护。他们彼此的感情里不再仅仅是爱，还有家国情怀和时代青年的责任与担当！

教室里响起一阵热烈的掌声。

教育专家肖川认为生命教育是以生命为核心，以教育为手段，倡导认识生命、珍惜生命、尊重生命、爱护生命、享受生命、超越生命的一种提升生命质量、获得生命价值的教育活动；让青少年认识生命和珍惜生命成为这一活动的重中之重。

这一课前五分钟活动，引发了我对生命教育的思索：疫情防控之下，如何引领学生读书学习，探究生命的内涵，明白生命的真正价值和意义？

二、构建"感悟文本中的生命"微专题教学

微专题教学就是基于课标和教材，选择核心的语言知识、关键的语文能力、有效的思维训练、基本的审美方法、典型的文学现象、重要的文化话题等要素，并将其提炼成小而精的教学点，然后围绕这些教学点策划语言实践活动，从而培育语言能力、思维品质、审美经验、文化理解等核心素养。"短""平""快"是微专题教学的特征。

关注生命是教育的本真所在；提升个体生命质量，提高生命的社会存在意义，是教育的终极追求；对学生进行生命教育，让学生敬畏生命，通过对"为何而生，如何而生"的思考，理解生命的价值，进而以旺盛的生命力来表达生命的意义，这是生命教育的意义所在。生活，是生命教育的活教材；文本，是生命教育的凭借。将现实或文学魂化为具体的情境，让学生在观察中思辨，在探究中思考，在体验中生长情怀，在活动中滋养素养，从而体验生命的博大与崇高，进而热爱生命、热爱生活，拥抱如火的青春，享受蓬勃的生命。

纵观部编版高一语文必修中的具体内容，我们感受到一种浓浓的时代情怀，有英雄无畏的爱国者，也有几十年如一日的无私奉献者，他们的行动震撼着世界，感动着世人的灵魂。我们可以选取其中的一部分，构建生命教育微专题，打造群文联读模式，以生命情怀为切入点，任务驱动，引领学生深度体验，强化他们对生命的关注与理解。为此，我们设计了"感悟文本中的生命"微专题教学。

"感悟文本中的生命"微专题教学环节设计

1. 师生明确任务：请从高一必修下册中选取合适的篇目，围绕"感悟文本中的生命"这一主题，自由组合成合适的研究小专题，深入理解文本内容，窥探文字背后隐含的生命要素，表达自己对生命的见解、主张与思考。

2. 推荐研究篇目。根据各小组长的申报推荐，各组研究的篇目如下。

一组：《侍坐章》《庖丁解牛》

二组：《窦娥冤》（节选）、《雷雨》（节选）、《哈姆雷特》（节选）。

三组：《屠呦呦》《烛之武退秦师》。

四组：《祝福》、《林教头风雪山神庙》、《装在套子里的人》、《促织》、《变形记》（节选）。

补充素材：疫情之下的系列生命美文。

3. 课时安排：学生阅读写作3课时，小组内部交流1课时，成果汇报1课时。

4. 课堂交流互动，成果汇报。

师：大家已经在小组内研究、交流过了，下面我们请各小组依次汇报自己的学习成果。

生1：我们一组的主题是"在潇洒自如的状态中窥视生命姿态和生命的执着"。

在《子路、曾皙、冉有、公西华侍坐》中，曾皙描述了自己的志向，描述了一种春游的情景，获得了孔子赞许，实际上，这也是孔子的理想，希望有一个可以放心沐浴畅怀的山水环境，在和谐社会中体会真正平等放逸的生活。这就是对自由惬意生活境界的追求，也是对自由、开阔、洒脱的美好教书育人境界的追求。或许，在孔子眼里，历经四处游说的颠沛流离之后，转而教学，在露天的课堂里，阅读自然，沐浴身心，俯仰天地，就是最理想的教学情境吧！

最重要的，这是孔子对礼的追寻，对儒家之礼的尊行——与民同乐。创建一个百姓安居乐业的和谐社会与孔子"礼乐治国"的观点是一致的，即提倡礼乐治国，向往大同世界。朱熹曾解读：老者安之，朋友信之，少者怀之……咏而归。言孔子渴望回到一种太平盛世中去，一种充满人性的社会中去。为了礼乐社会的理想，尽管屡屡碰壁，累累若丧家之犬，但我们的圣人仍旧以苍生为念，执着于自己的生命追求。从《侍坐章》中，我们看到的是一种潇洒自如的生命状态，一种对生命自由状态的向往，一种对生命不屈的执着追求。

生2：《庖丁解牛》，一则脍炙人口的寓言，告诉我们顺应生命，中道而行。解牛动作的内涵，已不是单纯的技艺精良，而是消除了距离、隔阂、对立、矛盾，并呈现出和谐之感，达到了物我两忘的境界。人之养生，如何才能超越单纯的形躯保养，延长寿命，提升精神愉悦、生命自由的层次呢？需要我们放下感官层面的物我对立关系与外求心态，让物我自然融为一体。"以神遇而不以目视，官知止而神欲行"，心无挂碍，才能随心所欲；顺乎自然，才能心灵自由。这样就由被外物阻隔，进而无牵无挂，上升为心灵、生命的洒脱自然，当生命健康了，心灵就自由了！心存警惕，心怀敬畏，知晓生命的关键所在，顺乎自然，游刃有余。文惠王听庖丁谈论解牛，意外领悟了生命修养的道理。

师：对！学习《庖丁解牛》，我们需要进入养生之境，顺乎自然，获取生命的潇洒自由状态。老子论道，道德千古；庄子化蝶，自在逍遥；孔子论语，万代师表——这些中华贤哲的思想启蒙，亦是生命无限张扬的状态。生命的智慧引领我们心怀洒脱，不拘外物，让心灵释放，让人生精彩。

生3：我们二组的主题是"在悲剧中仰望灵魂深处的尊严，体验生命的张力"。

在悲剧中，被毁灭的不论是大人物还是小人物，都能引起欣赏者对生命本真的关注，悲剧不但给了人们一个"有价值的东西被撕毁"的悲观描述，更触动了人们灵魂深处的尊严感、价值感以及生命本能的力，激发了人类蓬勃的生命力和努力向上的意识。在某种程度上，悲剧照亮了生存事实、生命本身，使人们体验并强大了生命力。

关汉卿《窦娥冤》、曹禺《雷雨》、莎士比亚《哈姆雷特》，让我们感受到戏剧文本中所蕴藏的悲剧艺术魅力。走入这些文本深处，深刻体验人物命运的悲欢离合，我们的灵魂被震撼，我们的精神世界得到净化，激发出蓬勃的生命力和努力向上的意识。

生4：类似的经典悲剧，在中国古典文学中还有很多。品读《赵氏孤儿》《梧桐雨》等经典的悲剧作品，让我们获取悲痛、震撼、崇敬的同时，体验观照生命的张力，敢于直面惨淡的人生，仰视灵魂深处的尊严，超越生命的平庸！我们，加油！

师：悲剧是强力撞击情感的艺术，是提升精神、净化灵魂的艺术。不论是命运悲剧、性格悲剧还是社会悲剧，都充满着高洁甚至神秘的意味，隐含着人生的经验和哲理。被悲剧真正打动了的人，会有意无意地摈弃外物的毒化与诱惑，回到人之为人的那些光辉品性上来，使自己变得纯洁、真挚、高尚，生命也变得别样精彩！

生5：我们三组的主题是"在无私奉献中彰显生命的崇高与伟大，见证生命的奇迹"。

屠呦呦，为了一个使命，执着于千百次实验。萃取出古老文化的精华，深深植入当代世界，帮人类渡过一劫。她的梦想是用古老的中医药促进人类健康，让全世界的人都能享受到它的好处。她研制的新型抗疟疾药青蒿素和双氢青蒿素，每年能拯救10万人的生命。屠呦呦说，只要国家需要，我就必须持之以恒地做研究。我们把问题解决了，千千万万人的生命得以挽救，这是最值得欣慰的事情。

"呦呦鹿鸣，食野之蒿。"屠呦呦的名字源于《诗经》。这一名字带有浓厚的古典色彩，满含父亲深切的期望。她从《诗经》中走出，带给我们的是《诗经》悠远的文化气息和风景如画的美感。屠呦呦，在无私奉献中，让我们见证了生命的崇高与伟大。

生6："三寸之舌，强于百万之师；一人之辩，重于九鼎之宝。"在春秋战国这个纵横捭阖的年代，烛之武能抓住秦晋两国貌合神离，因利益才结成盟友的关键，游说秦伯，晓以利害，从源头上打消了秦伯原有的想法，为郑国免除了一场战争的灾难，其智慧之光芒足可闪耀千古。

烛之武是一个深明大义的爱国志士，是一个勇于出使、直入敌营的勇士，是一个机智善辩的辩士、外交家。虽怀才不遇，心有怨愤，但面临国家处于存亡之秋，危在旦夕之际，他毅然舍小怨而全国家，夜缒而出，只身赴秦营，力挽狂澜于既倒，其存国保家之心，足可以称为侠之大者。

师：对，源于对宇宙隐性的反抗，也就是这种萌动，使得原本渺小的身躯却以伟岸的精神实体屹立。悠悠中华，自然有本民族特色，反映本民族精神面貌和生产方式特色的英雄，如春天的鲜花般开满了历史。这对历史来说，是一种原生力；对中华民族来说，是一种进步的资本。屠呦呦、烛之武，在无私奉献中见证了生命的崇高与伟大，彰显了民族的刚毅不屈。

生7：我们四组的主题是"在困境中张扬对生命的悲悯情怀，对人性的观照"。

鲁迅怀着对底层女性苦难生活的悲悯，在《祝福》里塑造了祥林嫂这一形象，深刻地揭示了底层女性精神荒芜但又不畏惧生存的困境，执着地追寻生命的终极意义和永恒价值，最终被无情地消解、颠覆，陷入虚幻之境，走向灭亡，人物形象却得到了丰足的审美价值。

《变形记》中格里高尔的异化，人变成甲虫，本性也变了，从挣钱还清父债、争取独立自由，变为安于甲虫生活的自轻自贱，一直到悲惨死去。小说通过表现人的异化来反映资本主义制度摧残人性的社会本质。《促织》中人变为虫的描写，借助鬼神，控诉了封建社会的罪恶。

生8：林教头风雪山神庙，是逼上梁山；套中人，是被沙皇的残酷统治辖制而死。生存的困境，在作者的描述中，让我们窥见生命的异化、断裂与痛苦。作者对这种困境中人的生存状态、人的异化、人的扭曲变形的同情，如缕缕阳光，照彻我们的心扉。更确切地说，这既是控诉，更是一种悲悯情怀的普照。

师：社会就是一个压榨机，使人的身体变形，让生活扭曲，把人的心智磨成粉末，让生命在困境之中挣扎、断裂、痛苦。这样通过生活的困境，人的异化，揭示了困境中的生命样式，张扬了对生命的悲悯情怀和对人性的观照。

通过大家的讨论和成果汇报，我们可以体会在生离死别中生命迸发出的亘绝千古的伟大力量，也可以在潇洒自如的状态中洞见生命的姿态和生命的执着；在悲剧中仰望灵魂深处的尊严，体验生命的张力；在无私奉献中彰显生命的崇高与伟大，见证生命的奇迹；在困境中张扬对生命的悲悯情怀……这些都是文本告诉我们的有关生命的思索和答案。

三、生命教育如何抵达彼岸

生命教育如此重要，那么，生命教育如何抵达彼岸？

（一）浑然忘我的沉潜，达到审美自失的境界

在原汁原味的阅读中，优秀读物的内在魅力吸引着读者完成阅读活动，当读物的吸引力足够大时，将使读者"自失于对象之中"，即达到"审美自失"的状态，乃至如痴如醉，废寝忘食。

生命姿态和生命的执着；灵魂深处的尊严，生命的张力；生命的崇高与伟大，生命的奇迹；对生命的悲悯情怀……都需要通过阅读来达成，都需要"浑然忘我的沉潜，达到审美自失的境界"来实现。

罗曼·罗兰说："从来没有人为了读书而读书，只有在书中读自己，在书中发现自己，或检查自己。"没有阅读，就没有生命可靠的进程；没有生命可靠的进程，就没有深入影响师生生命的课堂。为了建设生命，完善生命，需要阅读，需要体验。只有浑然忘我地阅读沉潜，达到审美自失、物我两忘的境界，我们才能明白：生命是珍贵的，生命对于人只有一次，要热爱生命，珍惜生命；生命是有尊严的，生命的存在是合理的，要敬畏生命，尊重生命，有尊严地活着，活得有尊严；生命有巨大的潜能，我们要不断塑造健康人格，激发生命的潜能；生命无时无刻不在发展变化，要把握生命的航向，欣赏生命行程带来的精彩；生命本身就是价值，要实现自身生命与他人生命、社会生命与自然生命、生命与非生命的共生共存。

教师要让学生在反复诵读的基础上，调动积极主动的情感和审美体验，进入情境，去辨识、去体认；要立足文本，用好文本，唤醒学生的感知力和想象力，披文入情，以情动情，以灵感灵，使学生产生尊重和关怀生命的体认感。

只有沉浸在阅读之中，才能拨开岁月的氤氲，过滤生命的尘杂，用心灵去体验，用行动去见证，用爱去守望，生命的深层内涵才能从书本中跳跃出来，成为我们的信念，我们的力量，我们的阳光；才能内化为我们深邃的思想，我们闪光的灵魂。

（二）情境式的体验，构建生命认同过程

总体来看，部编版教材语文高一下册的人文主题比较深刻，分量较重，社会性较强，这有利于教师联系真实的社会生活，构建课程标准反复强调的真实的学习情境。

需要注意的是，字句词面上的解说，甚至风格主题的归纳，终究不能代替生命内在的成长与进阶。我们的生命如若没有直接或间接经历过生命的挣扎、苦痛，就无法理解生命之内涵，字里行间彰显的生命力量就无法与我们心中的力量合为一体，也无法构成胸中撞击生活、激荡情怀、澎湃万里、扫除平庸俗气的冲击力；更无法构建心中对世界无尽的爱，对生命的执着与敬畏，对蓬勃生命的真实体验。

一系列的活动体验，才是真正体验生命的捷径。

征文比赛，书写生命情怀；畅想思考，梦想生命的征程；换位体验，掀起内心的波澜；反向假设，感悟青春的珍贵；戏剧演出，角色融情；诗歌朗诵，震撼心灵；演讲比赛，抒发情感……让体验发生，让生命意识渗入活动场景之中，融入血液、灵魂，才能感悟生命，正视生命，热爱生命。

"疫情之下，对崇高生命的重新认识，钟南山、李兰娟，甚至每一个逆行者都做了最好的解读，最有力的证明。离别家人，奔赴武汉，义无反顾，他们珍视生命、奉献自我的情怀，让世人肃然起敬；他们关键时刻的挺身而出、义无反顾、知难而进，让我们深深感动。"学生在课前演讲中这样说。

"方舱医院里的高三学生，把斩杀病魔当作高考前的一次大考；'考研哥'备考苦读的身影，感动了一大波网友；武大博士毕业后出国深造的'读书哥'，认为内心强大是对抗病毒的一剂良方。他们是方舱医院里最美的面庞，最感动人的力量。"——一名厌学的学生经历疫情之后的日记。

情境式的体验，才能构建生命认同的过程。体验之后的内心触动，则是生命意识的萌芽和苏醒。

（三）理性思辨的探索与表达，获取生命智慧

生命教育需要理性地思考与表达。探讨生命教育意义重大，要站在战略发展的高度，探讨生命教育的内容，选择生命教育的路径，着力提高生命教育的成效。

生命教育是珍爱生命，谋求灿烂生命轨迹和辉煌人生的教育，目的在于促进学生生理、心理全面均衡发展，助长生命力。"珍爱生命，积极创造生命的价值；关注自身生命，尊重、热爱他人的生命；让生命的其他物种与人类和谐地生长在同一片蓝天下；关心今日生命之享用，思考明日生命之发展。"都是当代学生应该关注的生命教育之内容。

生命教育既彰显教育的价值，也是教育的价值追求；既是保护生命，也是助长生命；既是"育人教育"，也是"和谐教育"。教育的一切行为都要以关爱生命存在和促进生命发展为价值尺度。珍爱生命是一种道德，漠视生命是一种思想缺陷，要探寻生命教育的重要载体，以德行修养揭示生命真谛。

要实现生命教育的"全人教育"，追求真、善、美之人生，身正，行端；实现生命教育的"和谐"，培养学生珍爱自身生命，接受人与自然和谐相处、人与其他生命体相生相长的理念，以促进自身生命与其他生命体乃至非生命体的共生共长。

以下是三位同学在演讲比赛中的发言。

"我们需要关怀异类生命，《小狗包弟》中对小狗的生命关怀，通过专政者的动作神态让我们体会到他们的残忍、凶暴；设身处地，推己及人，我们深深体会到艺术家和小狗的悲惨遭遇、生命尊严丧失殆尽的苦痛。《囚绿记》对绿枝条的关心和照看暂停，开释了永不屈服于黑暗的囚人，使绿枝条获得新生，舒展自由，接受阳光的明媚！让我们感受到生命肆意绽放的可贵！

"回归生活，生命关怀需要'推己及人'的同理心。当下，我们的同学对泼浓硫酸伤熊、残忍虐猫屠狗的事件无动于衷，就是缺乏同理心的表现。缺乏对生命的悲悯和对苦难的理解，就无法养成关怀生命的情怀，也就不能高扬生命的航帆！"

——《推己及人，让生命绽放》

"前几天报道的那个因没有手机上网课而自杀的14岁女孩，让我深思良久，手机无罪，空泛的叹息生活贫穷似乎于事无补，对生命的珍视教育，尤

其是架设挽救贫穷与发展教育契合的桥梁，刮骨疗毒改变生命困境的挽救，尤为重要。"

——《改变生命困境》

"生命是一个永恒的话题，我们可以体验生命的博大无私，也可以见证生命的卑琐与渺小。灾情逼近之际，众目睽睽之下，一些人利用职务之便，贪污救灾物品，满足口腹之欲；另有不良商人，仿造口罩，牟取暴利……这些让我们明白，英勇无畏的逆行者为他人英勇献身的同时，也有光明背后黑暗之中的卑琐，灵魂的扭曲与变形。他们生命的价值轻如鸿毛。"

——《遇见光明，不避黑暗》

让学生在思考辩证中，探究生命应有的姿态，获取生命智慧，是教学之目的。多层面的理解与感悟，才是生成思辨，珍惜当下，超越肤浅，祛除丑恶的理想方式，而对生命的感悟由此生根，发芽，抽枝，长成参天大树。

叶澜说："教育除了鲜明的社会性之外，还有鲜明的生命性。人的生命是教育的基石，生命是教育学思考的原点。"

生命教育首先是教育的价值追求，关切学生的生命成长是教育最为正当的努力。语文作为基础教育最为重要的课程，首要目标是培养学生的生命情怀。学生有了丰富和纯净的生命情怀，阅读与表达自然就有了源源不绝的内在动力。

基于以上认识，设计情境比较复杂、结构化的学习任务，在文本细读中建构个性化的语言活动经验，在活动中强化学生的心灵体验，为学生的审美鉴赏与创作提供支持和反馈，使学生有深度的语言活动体验，在聚焦点上形成认知建构，就能培养素质，成就认知，进而在完成一系列具有较高关联性和层次性的任务的过程中，提高语文素养，提升对生命的认识，实现人生的导航。

参考文献

[1] 潘新和.新课程语文教学论［M］.北京：人民教育出版社，2005.

[2] 叶澜，李政涛.为"生命·实践教育学派"的创建而努力——叶澜教授访谈录［J］.教育研究，2004（2）：33.

第二篇

静水流深贵生成

——教学镜头·质疑思考·课例赏读

2

静水流深与相机生成

——我的几组教学镜头

语文课堂教学需要静水流深，同样需要相机生成。请看我的几组教学镜头。

一、删繁就简三秋树，领异标新二月花——课堂问题的有序探究与思考

课堂教学，需要我们按学生的思维规律，梳理疑难问题，删繁就简，删枝去蔓，探究学生真正思考的关键问题是什么，引领学生一步步解决这些问题。

如学习《为了忘却的记念》，发动学生积极思考，自己能解决的问题，小组内部解决，不能解决的，共同来解决。学生提出的疑难问题，可以概括为问题"一二三"，即一个标题，两种情感线索，三个典故（的作用）。

【课堂再现】

一个标题

生1：老师，课文标题是"为了忘却的记念"，"忘却"与"记念"是不是矛盾？如不矛盾，它的具体含义是什么？

师："忘却"与"记念"并不矛盾，"忘却"是"摆脱、搁置"的同义语，题目的意思是把悲痛暂时搁置一边，化悲痛为力量，以更有效的战斗来纪念死者。

生2：那么言外之意就是，对反动派欠下的血债及烈士的业绩，作者永远不会忘记。联系文章最后"夜正长，路也正长，我不如忘却，不说的好罢。但我知道，即使不是我，将来总会有记起他们，再说他们的时候的……"作者意识到革命斗争的长期性和曲折性，必须摆脱悲哀以进行更有效的战斗，

坚信反动派必然灭亡，正义事业一定胜利。这段话从文章的结构看，紧扣了题目，呼应了开篇，进一步证明本文的写作目的是"为了记念"；从文章的意义看，是号召人们学习革命烈士，起来抗争。

师：对，题目反映了作者对死难烈士深切的怀念、坚强的斗志和必胜的信念。这位同学，前后关联，思考问题，探究生成，得出合理的答案，不错！

两种情感线索

生3："天气愈冷了，我不知道柔石在那里有被褥不？我们是有的，洋铁碗可曾收到了没有？……但忽然得到一个可靠的消息，说柔石和其他二十三人，已于二月七日夜和八日晨，在龙华警备司令部被枪毙了，他的身上中了十弹。

原来如此！……"

老师，上文中"原来如此！……"中的叹号和省略号各表达什么感情？这句话的深层含义是什么？

师："原来如此"单独成段，感情十分强烈复杂。叹号表明愤怒与抗议，省略号则包含了许多难以尽述的复杂感情。这句话的深层含义是，反动派竟如此卑劣凶残地对待无辜青年，柔石这样的好青年竟会遭到如此残酷的杀害，这是作者始料不及的。

此处是"愤"的极好见证，大家看一看贯穿全文的情感线索是怎样的？

生3：老师，我明白了，贯穿全文的感情线索就是悲和愤，前半部分主要是悲，而后半部分则是悲愤交织。

师：好！关注了整体，提炼了合理的科学的答案。

三个典故（的作用）

生4：请问老师，本文中运用"方孝孺的迂""高僧坐化""向秀的《思旧赋》"几个典故，有什么作用？

师："方孝孺的迂"这一典故的作用是，表达了柔石同他的老乡方孝孺一样，身上有一种"迂"，实际上这种"迂"是一种硬气，是一种执着的精神，只要认定是真理就一往无前。这是一种不屈不挠的精神，是一种自我牺牲的精神。同时，这一典故还以朱棣惨无人道、滥杀无辜的暴行，来暗示国民党反动派杀害青年的罪行。另外两个典故，其他小组来解答吧！

生5：我代表六组来解答。"高僧坐化"的典故是针对国民党反动派的。秦桧以"莫须有"的罪名杀害了岳飞，柔石被害的案情也是"谁也不明白"；秦桧捉拿道悦，与国民党反动派抓鲁迅又非常相似，暗示了当时的社会犹如秦桧当道的时代。当然，鲁迅先生对道悦自行涅槃的做法是不赞成的，他并不像道悦那样束手待毙，而是"逃走"，保存实力，继续战斗，这也曲折地表现了"我"韧性战斗的精神。

生6：我代表三组来解答。向秀的《思旧赋》：晋朝文学家向秀的好友嵇康、吕安被司马昭杀害，他虽很悲痛，但处在司马氏政权的高压下，不能直书其事来表达自己的哀思，故文章只156字，短而隐晦。鲁迅引此典故，揭露当时国民党反动统治的残暴，控诉他们屠杀无辜的罪恶，比喻自己同向秀处境相似，表明自己内心极大的愤懑。

师：作者全文引用了三个典故，处处围绕着对革命烈士崇高形象的歌颂，对国民党反动派的揭露十分深刻，同时增加了文章的力量。这是学习本文的难点。

课堂删繁就简，有序展开，结构合理，一气呵成，如静水流深，自然顺畅。更重要的是，由学生质疑思考之后提出的问题，定是一堂课应该解决的主要问题，它关注了学生的思维，是在学生主观体验、深入思考的基础上提出的，所以会让学生倍感新奇，想要解决的愿望会非常强烈。在这种情况下，生成的问题也一定是比较有价值的，它贯穿课堂始终，关注了学生的思维状态，在"不愤不启，不悱不发"的胶着状态下完成了思维的碰撞，智慧的火花也就得以迸发。

二、拓展之处需慎重，辩证之间答质询——文本相关人物之理解与拓展

语文教材里鲁迅先生的《记念刘和珍君》中的杨荫榆女士，人们普遍认为她是一个坏人，因为文章中这样界定她——开除"常常微笑着，态度很温和"的刘和珍的"广有羽翼"的女子师范大学校长。实际上，对杨荫榆的认识和评价始终是一个误区，大部分教师这样，学生更是如此。

【教学片段】

生7：老师，杨荫榆女士真的是一个反面人物吗？她生平经历怎样？

师：谁查阅过杨荫榆女士的生平事迹，来说一说。

生8：早期婚姻不幸，离婚；接受教育，并出国留学；1922年获得了哥伦比亚大学的教育硕士学位并归国；1924年2月被任命为国立北京女子师范大学

校长；因为开除学生事件遭学生驱赶，辞职。

生9：之后辗转苏州一带教学为生。1935年，她创办了二乐女子学术社，招收已经服务社会而学问上尚想更精进的或有志读书而无力入校的女子，援以国文、英文、算学、家事等有用学问，自任社长。学生基本都是家境贫寒的女工或女童。苏州沦陷后，杨荫榆住在盘门，据传闻，她不止一次跑去见日本军官，责备他纵容部下奸淫掳掠。军官就勒令他的部下退还他们从杨荫榆四邻抢到的财物。1938年1月，日军将杨荫榆诱出家门，在盘门外吴门桥将她开枪击杀，并抛入水中。那年，她54岁。

师：对，杨荫榆在苏州教学时曾经反抗日本的控制，并带头呼吁群众与日本鬼子做坚决的斗争，最后被杀害。这是一个英雄的形象。

这才是立体化的活生生的杨荫榆女士的形象，特定时代发生的特定的事件不能抹杀一个人的全部。鲁迅抨击她，带有个人的情感，只是说明在当时特定的阶段，作为校长的她是这样对待学生的，并不是全部的杨荫榆，立体的杨荫榆。

再如《项脊轩志》的作者归有光，我们只知道他是一介书生，是科举考试中不得志的代表，所以把解读的目光锁定于科举制度，锁定于借科举、借书房来抒发对生活的忧愤，对亲人的思念。追溯归有光的生平事迹，我们还能了解到归有光不仅在文学上有杰出贡献，还是一位水利高人。针对太湖水域与吴淞江水域洪水泛滥的情况，他考察三江古迹，认为太湖入海的道路只有吴淞江，而吴淞江狭窄，潮泥填淤，渐渐埋塞，只要合力浚治，使太湖的水向东流，其他水道就可不劳而治，为此写了《三吴水利录》。后来，海瑞以右佥都御史巡抚应天十府，兴修水利，主持疏通吴淞江时，许多方面均采用了他的建议。至此，拨云见雾，对《项脊轩志》中想功成名就、一振家风的情感，我们才得以初步的了解与印证，对归有光也就有了立体化的认识。

拓展之处需慎重，辩证之间答质询，文本相关人物的理解与拓展，要有科学的依据，要求证人物的生平，关联其事迹，思考其贡献与不足，从而做出合理、科学的评价，或加深学生正向的深层认识，或构建立体化的人物评价体系，让师生的触角伸入文本的背后，结合时代背景，人物经历，拨开历史的烟云，探究生活的深层，呈现真实的、立体化的人物，获取科学精准的认知，也相应地培养学生的核心素养。

三、联系语境探虚实，宏观微观要细寻——课堂教学学生思想偏差之纠正

【教学片段】

同样是《最后的常春藤叶》，探讨贝尔曼作画的动机，临近下课，出现了一个类似自言自语的声音：老贝尔曼一定后悔了。

我迅速地扫视了一遍教室："好，大声一些！说明理由！"

"我想老贝尔曼一定后悔了！""你想，生命何等重要，他却为了这样一幅画丢失了自己的生命！"一名学生站了起来，不是那么理直气壮地说。

"有赞同这种认识的吗？"在我的追问下，有四名学生犹犹豫豫地举起了手。

"好，大家就这个问题积极讨论，到底会不会后悔？大家可以从作者创作目的、单元主题、文章细节处收集证据，进行质疑问难，反复推敲，思辨阅读。现在开始！"

五分钟后，学生静了下来，班长邱浩伟站了起来，要求发言。

在我的示意下，邱浩伟用标准的普通话开始了他的演说。

"读《最后的常春藤叶》，我有以下见解：

"首先，老贝尔曼作为一名画家，最大的梦想就是能画出一幅真正的杰作，但却四十年迟迟没有动笔，心存大志却忍而不发，总和别人唠叨自己的杰作，却只偶尔涂抹一些广告画或商业画，这就很让人不解了。

"在我看来，这一切都是必然的，贝尔曼胸怀梦想，但深知自己画艺不精，他渴望成功，更害怕自己的梦破碎。他用自己唠唠叨叨的语言和酒精带来的快感支撑起自己的幻想，支撑起自己所谓的'杰作'，他不敢画，他没有勇气去证明自己，文中说他是个暴躁的老头，讨厌别人给他的温情，这说明贝尔曼是一个孤僻、有些神经质、活在自己的幻想中的落魄的艺术家，这与当时的社会背景相吻合，也体现了欧·亨利小说中人不能掌控自己命运的悲哀。

"那么，我们可以做一个大胆的设想——如果没有琼珊的病，老贝尔曼可能到死也不会去画这幅画，是什么帮助老贝尔曼突破自己的幻想，不顾生死地在风雨之夜完成自己四十年的梦想呢？是感动？是善良？还是对生命的无私？我想有这种可能，是影子，是老贝尔曼在琼珊和苏艾身上看见了梦中那个自己的影子，那个执着、乐观、不放弃希望的自己，这不是感动，不是

善良，也不是对生命的无私，这是艺术家之间的惺惺相惜。老贝尔曼瞧不起世人的温情，却认为自己是保护楼上两个青年艺术家的看门狗。文中他说：'像琼珊小姐那样好的人，实在不该在这种地方害病，总有一天，他要画一幅杰作，那么他们都可以离开那里了。'于是，当他和苏艾坐在窗前望着寒雨夹着冷风中的常春藤时，他终于明白了，他是真的有能力创作一幅杰作的，就算画艺不精，但一幅由希望与爱凝成的画作怎会不是杰作？所以，他放下了生命，放下了幻想，不畏风雨，完成了那片常春藤。从主观上看，讨论老贝尔曼会不会因此后悔是没有价值的，无论怎样，这都是一幅杰作，无可非议，熠熠生辉。当然，它和单元主题、作者意图也是高度吻合的！

"文章以'最后的常春藤叶'为题，立意深远，在琼珊眼中，这片叶子还未落，所以她活了下来，而老贝尔曼知道这片叶子已落，也随之而去。就是这最后一片常春藤叶带给了琼珊生命，也判处了老贝尔曼死刑。由此，完美串联起来的悲喜交加的故事，无须多言，或许这便是欧·亨利招牌式的'带着眼泪的微笑'。"

邱浩伟的发言，赢得了一阵阵热烈的掌声！

课堂之上，当学生思想出现偏差之时，需要及时纠偏，联系语境，探问虚实，思考写作目的、编者意图，宏观、微观一起下手；把握细节，寻找依据，反复推究。这才是纠正学生思维偏差的必由之路，也是课堂生成的最佳契机。

课堂应如溪流潺潺，静水流深成其秀；亦如浪花飞溅，相机生成见其真！这就需要我们在具体的课堂教学中，关注学生的认知基础、思维品质，思考文本与学生之间的思维"焊接点"，精心设计，以激活学生思维的课堂提问来激活课堂；关注现场，合理导引，利用教学引擎，打造师生思维齐飞的环境磁场，让学生获取知识，发展能力，培养素养。以上只是方法途径一隅，更多的途径需要我们去探索！

我的课堂教学素描

素描之一：《归去来兮辞》的课堂变奏曲

一不小心，来了一次拙劣的课堂变奏曲，即兴式的，没有丝毫准备。但令我欣慰的是，学生的灵性发挥到了极致。

这是去年课堂上发生的一件事。

接学校通知，星期五的第二节放大周，而我的语文课就在第二节。

授课课题是《归去来兮辞》。我简要介绍了背景，引入陶渊明不为五斗米折腰的故事。学生诵读完毕之后，我正要引领学生走进文本，进行探究，不想一名学生长叹一声："归去来兮，思家心切胡不归？"听着外面汽车的鸣笛声，有三名学生把眼光投向了窗外，我的火一下子升起来，正要发怒，仔细一想，学生是有一段时间没有回家了！他们是多么想家啊！我灵机一动，停止讲课："大概同学们都想家了，那么我们就来一次回家。"

一下子，所有学生的目光都聚拢过来了！

接着，我对文本的第1、2段来了一段仿写式变奏：

"归去来兮，思家心切胡不归？既知放假之消息，何必踌躇而心悲。悟时光之匆匆，知岁月之可追。实晨曦其未晚，觉时光之迟缓。车唰唰以轻驶，风飘飘而吹衣。问司机以前路，恨行路之微微。

"乃瞻瓦房，载欣载奔。父母欢迎，弟妹候门。小路明亮，枣树犹存。携弟入室，有果盈盆。吃水果以解渴，眄庭柯以怡颜。倚南窗以望外，审庭院之安闲。园日涉以成趣，门虽设而不关。拂枣树以流憩，时矫首而遐观。云悠闲以飘荡，天湛蓝而无边。风轻轻以吹过，观风景而盘桓。"

"这是我对第1、2段的仿写，下面请同学们读第3段，想象自己回家后的情景，仿照第3段的格式写一段话，要描写出自己回家后的快乐之情。"

学生的兴趣一下子高涨起来了，并且开始了朗读和仿写。不消片刻，就有大作出现了，请欣赏：

生1：归去来兮，暂忘学以消忧。吾家就在学校，悠闲兮欲何求？悦亲人之情话，乐好友来交流。父母告余发奋学，将无限于前途。或许大餐，或许购物。既飞车于街市，亦懒觉以蓄锐。天亦眉开眼笑，地亦乐情悠悠。感家中之温情，感假日之行休。

生2：归去来兮，请续交以出游。世与我而相合，胡不驾言相求？悦朋辈之心语，乐书画以消忧。友人告余以乐事，将有聚会于西畴。或徒步之，或驾单车。路坦荡以抒怀，亦拂叶而盘桓。草茵茵以添绿色，溪潺潺而奔流。知万物之得时，感吾假之将休。

生3：归去来兮，请暂停求学。世与我而相通，内心喜悦何所求？悦亲友之情话，乐电脑以消忧。家人告余以秋尽，将有事于西畴。或命巾车，或招摩托。既平坦以经原，亦蜿蜒而过溪。花摇摇以向阳，路漫漫而始修。善万物之轻盈，感吾生之幸福。

生4：归去来兮，请广交以遨游。世与我而同乐，复驾言兮焉求？悦亲戚之情话，乐琴书以消忧。父母告余以秋及，将收获于西畴。或观芦苇，或垂清流。既拔草以寻兔，亦逆流而捉鱼。木欣欣以向荣，泉涓涓而始流。善万物之得时，感吾生之日中。

……

一股股清新的气息扑面而来，我陶醉于这课堂精彩的生成中，忘记了下课的铃声！

素描之二：挪动心灵的石头，倾听花开的声音

这是一堂写作训练课。

课题：石头的挪动。

话题导入：林肯记忆犹新的是他幼年时的一件事，他说："我父亲以较低的价格买下了西雅图的一处农场，地上有很多石头。有一天，母亲建议把石头搬走。父亲说，如果可以搬走的话，原来的农场主早就搬走了，也不会把地卖给我们了。那些石头都是一座座小山头，与大山连着。有一年父亲

进城买马，母亲带我们在农场劳动。母亲说：'让我们把这些碍事的石头搬走，好吗？'于是我们开始挖那一块块石头。不长时间就搬走了。因为它们并不是父亲想象的小山头，而是一块块孤零零的石块，只要往下挖一尺，就可以让它们晃动。"

林肯最后说："有些事人们之所以不去做，只是他们认为不可能。而许多不可能，只存在于人的想象中。"

训练任务：请以"石头的挪动"为话题，在心中构思一篇文章，拟定标题，当堂展示，而后谈思路，谈写法，最后成文。

教师预设：

运用"正面思考、侧想、逆向思考、跳出圈外"拟题法来拟题。

1. 正面思考——可拟定"勇气、尝试、希望、胆量、质疑、自信、行动、创新"这样的标题。

2. 侧想——可以联想旧习、习惯、思维定式、盲从等内容。

3. 逆向思考——可以拟定以下标题："假如我们不去开拓""假如我们不去行动""假如我们不去创新"。

4. 跳出圈外——可以对生活进行深层思索，对成功的条件进行重新思考，从而拟定"奇迹的出现"等标题。

我自信地想，学生绝对不会跑出我的"包围圈"！

训练过程：

"大家可以从正面思考，并大胆发言！"我激励学生。

生1："勇气可以迎来成功。"

生2："自信，成功的前提。"

生3："创新，成功的源泉。"

生4："质疑，成功的伴侣。"

"也可以从侧面探究！"我顺势引导。

生5："盲从，让我们远离成功。"

生6："打破思维定式的瓶子。"

生7："打破习惯，呼吸新鲜的空气。"

"反面也可以拟题、立意——"

生8："假如我们不去开拓，假如我们不去行动，假如我们不去创新。"

学生群情激昂之后是短暂的沉默，我刚要夸夸其谈地大讲特讲我的绝招，一名女生站了起来："老师，我想拟定一个新的标题——精美的石头会唱歌！"

我在惊奇的同时，用赞许的眼光看了她一眼。

"我的文章运用小标题的形式展开，构思如下：①苹果如石头。成绩落后的我颓丧地回到家中，劳累一天的母亲为我递上一只苹果，我咬了一口，好甜！'成绩怎么样？'母亲问我，顿时，苹果如沉重的石头哽在我的嗓子里。②我是一块石头。课堂上，老师提问我，我什么也不说，像一块冰冷的石头。③精美的石头会唱歌。在老师、同学的帮助下，我的成绩有了明显提高，我能在课堂上滔滔不绝地回答老师的问题了，老师露出了欣慰的笑容，同学们在我的身旁唱起了歌——精美的石头会唱歌！

"挪动心底的石头，我听到了动听的歌声！"

教室里是一阵啧啧的赞叹声。

另一名女生怯怯地站了起来："老师，我想拟定一个新的标题——倾听花开的声音！"

教室里一阵哗然和躁动，这是一名平时不言不语的学生。

这位生性腼腆的女生用动听的语调读了她的文章：

"挪动心灵的石头，倾听自然的声音；洗去平日的烦躁，用我宁静的心来倾听，我听到，我听到了——花开的声音！

"夜曲中飘来阵阵浓郁的花香，还有花开的声音，是的，那是花开的声音，像阳光洒向晨雾般轻柔而温暖，又像月色隐入湖心般迷幻而浪漫。

"有人说，花开，怎么会有声音呢，感觉不到啊！然而我要说，花开的时候，的确是有声音的。听不到花开的声音，那是因为心灵被俗世和尘杂的石头堵塞，没有一点宁静的空间。花开的声音，很静很静，只有内心宁静的人，只有内心有爱的人，才能听得到。

"夜阑人静的时候，我常常闭上眼，默默地，花开的声音就如约而至。我常常凝视心灵天空里的蔚蓝，回味着第一朵花开的声音，想着该怎样在平凡的生活中孕育辉煌。我想，花开花落，月圆月缺，如同岁月的更迭。在这个喧嚣的尘世，唯有这花开的声音，才会纯粹得让你我变得年轻。

"我钟爱花开的声音，它曾让我那样的感动。但我又害怕，害怕自己一生放逐自己，害怕连花开的声音都不能把自己感动，害怕纯净的美丽都不能将岁月挽留。我想，如果梦也失去了色彩，那么连回忆都变得苍白了……

"挪动心灵的石头，倾听花开的声音！"

精彩就在瞬间，学生完全沉浸在这美好的氛围中。

随着下课铃响，教室里是一阵雷鸣般的掌声！

智慧的生成，是学生灵性的自由舒展！

素描之三：感受"感天地、泣鬼神"的爱情

学了《孔雀东南飞》之后，在总结文章主旨的同时，我灵机一动，让学生感悟一下感天地、泣鬼神的爱情。

"同学们，学完本篇文章，我想到了元好问的《摸鱼儿》：'问世间，情是何物，直教生死相许？天南地北双飞客，老翅几回寒暑。欢乐趣，离别苦，就中更有痴儿女。君应有语：渺万里层云，千山暮雪，只影向谁去？'"

"那么，在你的心目中，爱情是什么？请用诗词名句来表达。"

同学们思维活跃，几个思维快的学生有了答案：

"爱情是'关关雎鸠，在河之洲。窈窕淑女，君子好逑'的美好境界。"

"爱情是'春如旧，人空瘦，泪痕红浥鲛绡透'的怀恋和伤感。"

"爱情是'静女其姝，俟我于城隅。爱而不见，搔首踟蹰'的焦躁不安。"

"爱情是'不见复关，泣涕涟涟。既见复关，载笑载言'的眉开眼笑。"

停顿了一会儿，课堂气氛热烈起来——

"爱情是'我欲与君相知，长命无绝衰。山无棱，江水为竭，冬雷震震，夏雨雪，天地合，乃敢与君绝'的勇敢决绝。"

"爱情是'盈盈一水间，脉脉不得语'的无奈和深情。"

"爱情是'执手相看泪眼，竟无语凝噎'，是'今宵酒醒何处？杨柳岸，晓风残月'的惆怅伤感和难舍难分。"

……

找到学生情感的共鸣点，让学生借助丰富的想象，从古典诗词的意境中意会爱情的真谛，要胜过空洞的说教。

素描之四：猜一猜别里科夫的眼神

课题：《套中人》

【教学片段】

"鲁迅先生说过，画人最好的办法就是画他的眼睛。请大家猜测一下别里科夫的眼神。"我抛出话题。

生1：惊恐的眼神。他应该是很紧张和恐慌吧！因为他行色匆匆，目不斜视，生怕被熟人认出来似的；再从穿着上看，他又在竭力为自己掩饰什么，所以是惊恐的。

生2：生气的，更是恐慌的眼神。

当有促狭鬼用漫画捉弄别里科夫时，他的神态变化有："他没精打采，脸色苍白。""他脸色发青，比乌云还要阴沉。""他的嘴唇发抖。""脸色从发青变成发白。""别里科夫心慌意乱，……脸上带着恐怖的神情。"

生3：颓废的，无可奈何的眼神！

"他那种垂头丧气，和他那苍白的小脸上的眼镜，降服了我们。"

"他难堪极了。""他老是心神不安地搓手，打哆嗦。"

"从这些我们可以看出，别里科夫时刻战战兢兢，恐慌、害怕。我们是借助文中对他的神态的描写来猜测他的眼神的。当别里科夫从楼梯上滚下来时，恰好被华连卡碰见，他脸面尽失，但文中没有描写他的神态。设想一下他当时的神态反应是怎样的？"我乘胜追击。

生4：活像一只惊弓之鸟，一副狼狈相。

生5：滑稽可笑，落荒而逃。

生6：双眼发黑，脸色发青，肌肉痉挛，呼吸困难。

生7：脸上青一块紫一块，浑身直打战，痴傻地望着所有人，尴尬无比。

生8：他在心爱的女人面前，尊严和面子都丢尽了，当时的表情如死灰般，毫无血色，神经麻木，痴呆似木偶。

生9：他惊恐万状，包裹了那么久的尊严和面子今天全没了。

"刚才同学们都找出了别里科夫的神态描写，你们发现他的神态有什么共同特点？"

生10：苍白色，变化迅猛。

"为什么只呈苍白色呢？"

生11：胆小怕事，生怕出什么乱子。

生12：胆怯和虚弱。

生13：害怕和憎恶现实中的新人、新事、新现象，一个十足的顽固守旧的家伙。

（基本上达到目的）

"那么大家想一想，描写人物除刻画眼睛之外，还可以怎样做？"我提出第三个问题。

生14：也可以刻画神态，生动地刻画神态同样可以突出人物个性。

"请大家用刻画神态的方法描写印象深刻的一个人，要突出个性，字数不限，现在开始！"我发出命令。

一场创新写作就这样开始了。

我的感悟：

课堂教学，应是灵动的，应是生机盎然的，它应当脱离造作，脱离平淡和沉闷，师生的思维应该是激活状态下的，学生的内在潜质也应该得到淋漓尽致的、火山般的爆发。

尊重学生的认知，真正备精一堂课，真诚关注学生的健康成长，以人为本，学生的主体地位得到重视，学生自然会学得愉悦，也才会产生有价值的发现和创新。

追求以情激情的至美境界

——兼与李秋华老师商榷

  《中学语文教学参考》2014年第12期刊登了《语文课堂情感激发的有效途径》一文。李秋华老师在文章中所提到的"情动于心，融情入境""以言传情，以行唤情""以情激情，情感共振"，让我们心有戚戚。学习借鉴之余，第三条途径引起了我的思考，在这里提出来，以期抛砖引玉。

  李老师在第三条"以情激情，情感共振"中举了这样的例子。

  在教学徐志摩的《再别康桥》时，应怎样理解"那河畔的金柳，是夕阳中的新娘"这样一个生动的比喻句蕴含的丰富意蕴呢？如果教师只是简单地给学生灌输答案，就起不到情感激发的效果。我要求学生结合生活，结合平时的观察进行想象。有学生这样描述自己想象的画面：

  西斜的夕阳给湖畔的柳枝镀上了一层灿烂的金黄色，清风徐来，柳条也舒展着自己柔美修长的双臂，那婷婷袅袅的样子，真如一位美艳绝伦的新娘一般。她的影子倒映在波光粼粼的湖面上，也荡漾在诗人的心湖里。多情的柳树宛若一位娇羞的新娘，在无奈地与自己的丈夫作别。此情此景，人何以堪？

  这里，徐志摩的真正情感已不再停留在"蜜甜的忧愁"上了。试想，新婚而别，有多少不舍与心酸。通过师生之间的对话交流，学生借助想象可以领悟到徐志摩对康桥的无限眷恋之情。

  总体来看，学生的描述生动形象，都蕴含着优美的画面，细腻的感情。但仔细思考，"多情的柳树宛若一位娇羞的新娘，在无奈地与自己的丈夫作别"和下一段中教师的引导语"试想，新婚而别，有多少不舍与心酸"则容易引发师生的思考与质疑。

第一，是垂柳与诗人作别，还是诗人与康桥的代言人——金柳作别？

换言之，学生描述的侧重点是诗人心灵的波动，还是新娘的不舍与眷恋？我们知道，作者深深眷恋康桥，并为之写下了大量的作品，《再别康桥》是其中之一，诗的情感基调是诗人对康桥的眷恋与不舍。把握好这一情感基调之后，处理教学的任何细节就都有章可循了。"那河畔的金柳，是夕阳中的新娘"的意蕴解读也必须遵循诗歌的这一基调，这一点无可非议。

顺言一句，赏析诗词名句可以有多种方式。比如，直接赏析，必须关注背景，关注技巧，关注表达效果，并关注赏析的具体思路和模式；扩展，则必须在忠于原文的基础上，合理地想象，合情地拓展；变奏，就是把诗词名句用散文、诗歌等文体形式再现，表达自己的个性化解读时，可以灵活发挥，但忠于原诗是基础。

学生描述的句子"多情的柳树宛若一位娇羞的新娘，在无奈地与自己的丈夫作别"，可以认为是学生的自由发挥，是对原诗句的扩写，侧重了对新娘无奈与不舍的描述，多数读者可能认为这是诗词中的"落笔对方"的写法，即多情，实际上是诗人的多情；无奈，实际上是诗人的无奈。"此情此景，人何以堪"为提示语，由物及人。这种写法在古诗词中随处可见，如白居易的诗歌《邯郸冬至夜思家》就采用了这种手法。

但关键问题是，赏析、扩写或个性化解读一般与"落笔对方"的写法无关，它在课堂教学中传递给师生的就是"娇羞的新娘，无奈地与丈夫作别"的信息。诗的情感基调是诗人对康桥的眷恋与不舍。金柳，作为一个独特的意象，是康桥的代表景物，是康桥的"代言人"，诗歌突出这一意象，目的在于表达金柳在诗人心中的美好感觉，在于突出康桥的无限美好，令诗人眷恋不舍，而不是突出金柳与诗人的难舍难分。学生的描述让原诗句失去了浪漫，失去了空灵，失去了特有的韵味。这种"以实解虚"完全没有必要。

联系下文，"波光里的艳影，在我的心头荡漾"，这"艳影"，就是金柳的影子，这"我"，则侧重诗人自己的感受与情怀，新娘娇媚的形象在"我"心头荡漾，康桥美好的一切让"我"心旌摇荡，不能自已。如果把"多情的柳树宛若一位娇羞的新娘，在无奈地与自己的丈夫作别"当作对"那河畔的金柳，是夕阳中的新娘"的联想式解读，那么，如何解读"波光里的艳影，在我的心头荡漾"一句呢？因此，关注学生思想实际，赏析这一句，需关联下句"波光里的艳影，在我的心头荡漾"，最好从诗人的心灵出发来探究描述，更容易引发学生的共鸣，教学也会更为严谨。

第二，学生没有新婚而别的经历，谈不上因此产生不舍与辛酸的情感体验。

用新婚而别来激发学生的情感，实无必要，因为学生没有新婚而别的经历，谈不上因此产生不舍与辛酸的情感体验。

我们来看一下特级教师程翔的教学片段。

师："那河畔的金柳，是夕阳中的新娘"，徐志摩看到金柳就想到了谁啊？

生：新娘。

师：你看到金柳会不会想到新娘啊？

生：不会。

师：为什么？

生：没结婚。

（众生和教师大笑）

师：这位同学讲得非常实在。的确如此，你们这个年龄不会这样想的。可是徐志摩就想到新娘，他为什么会想到新娘呢？（师指刚才回答问题的学生）你肯定说他结婚了。（师笑）我们可以从这样的回答中感悟出一个道理，就是一部作品，作者怎么写以及他为什么这样写，往往和作者的什么有关啊？

生：经历。

师：对，和他的生活经历有关系，甚至和他的情感经历有关系。他看到了河畔的金柳就联想到新娘。接着往下看，"波光里的艳影，在我的心头荡漾"。来，这位同学，你来说，什么叫"艳影"啊？

生：就是波光……在夕阳下的……（生不好意思地低头）

师：不要紧，你先坐下，想一想。（师指另一生）

生：美女的影子。

师：实际上，你照应前面那个词，是谁的影子？

生：新娘的影子。

师：你说美女的影子是不错的，但是呢……你看着我，看着我，理解这个词的时候一定要和上文联系起来，甚至也可以和下文联系起来。也就是说，我们在理解一个词的时候一定要根据它的语境。明白语境吗？

（生点头）

师：根据它的语境，也就是上下文来解释这个词。好，你说得很好，请坐。这里的"艳影"代指的就是新娘的影子。"波光里的艳影，在我的心头荡漾。"来，这位同学，请你来回答，什么叫"荡漾"啊？你解释解释这个词。

（生沉默）

师：解释不出来。谁能解释出来？后面这位同学，你来讲，什么叫"荡漾"啊？

生：就是说这影子在心头一直挥之不去。

师：好，说得很好，你说的是它的比喻义，我们先说它的本意。好，这位同学。

生：在水里波动的样子。

师：这里比喻的是什么呢？

生：作者的心情。他心里一直在想着那个新娘。

师：你"荡漾"过吗？

生（着急）：没有。

（众生大笑）

师：你已经解释过了，这里的"荡漾"指的是心情的波动。你的心情波动过吗？

生：有时候。

师：波动过，肯定就"荡漾"过。不一定是为了新娘"荡漾"，为了其他事情也会"荡漾"。我们每一个同学都"荡漾"过，比如我们为了一个晚会，为了班级里的某一件事情，或者为了同学的某一件事情，为了家里的某一件事情，我们都可能"荡漾"过。大家注意，"荡漾"这个词在这里是指内心的波动，像水一样的一种波动。当然，诗人为什么而波动呢？他可能想到了那个新娘。下面一起来读一读这个小节。

读特级教师程翔的教学片段，我们有茅塞顿开的感觉。

程翔老师根据学生的认知基础，依据学生不会想到新娘的体验实际，告诉学生解读诗歌需要借助作者的生活经历甚至情感经历，然后关注语境，联系"波光里的艳影，在我的心头荡漾"，使学生想到"艳影"在诗人的心头波动，从而唤起学生深刻的情感体验。为了其他事情也会"荡漾"的引导，堪称这一教学环节中的"神来之笔"。

这种引导，这种启发，水到渠成，可称经典。

相比较而言，李老师的"试想"之语，在启发引导上，则偏离了学生的生活实际，有贴标签，或者借助成年人的观点，强加于学生身上之嫌。

第三，"试想"之语，容易让学生思想走偏，会认为徐志摩新婚而别，思念妻子；会认为诗人有这样的情感体验。但实际上，诗人此刻没有这样的情感。

李老师的引导之语的主要目的是告诉学生，诗人离别康桥，像离别情人、妻子那样难舍难分，眷恋非常。此处的垂柳，就是康桥的象征，就是康桥的代言体。然而，学生听到"试想"一语，听到"这里，徐志摩的真正情感已不再停留在'蜜甜的忧愁'上了"极易想到诗人的情感经历，认为诗人离别新婚的妻子，或者说诗人有这样的情感体验，才有如此经典的比喻，然而事实并非如此。

此刻的徐志摩不是在这样的心境下探访康桥的，也没有这样的情感体验。

1922年，徐志摩为追随林徽因而毅然中断学业，回国时，林徽因已与梁思成恋爱，徐志摩一下子跌入痛苦的万丈深渊。可以说，康桥留给徐志摩的只是一段美丽、刻骨铭心的单相思以及无尽的眷恋与感伤。1926年，徐志摩与陆小曼相恋、结婚，也未能真正消除这段求之不得的恋情所带来的锥心隐痛。成婚后，理想中的新娘却是交际场中挥金如土的女子，生活黑白颠倒，吸食鸦片，还与推拿医生不清不白。这段婚姻带给他的是经济上的重负、名誉上的损失和感情上的惶乱与伤痛，他希求的像白朗宁夫妇一样通过爱获得人格升华的婚姻理想破灭了。

写作《再别康桥》的1928年是徐志摩人生的灰暗期，婚姻挫折让他极度痛苦，从政治、人生、文艺全面张扬自己的理想，也屡受挫折。这一时期，他感觉自己性灵呆滞，诗意枯萎，一种深深的焦灼折磨着他敏感的灵魂。这也是他1928年再次赴欧洲的重要原因，同时他也希望此次远离能促使陆小曼有所觉悟。

所以，1928年，徐志摩的出游带有精神疗伤的性质。此时此刻，徐志摩不是新婚，也没有这样的情感体验基础。

往深处探究，我们会发现，也许这里把金柳比作新娘，既是对康桥的眷恋，对梦中人的眷恋，更是对一段有始无终恋情的深情回顾，是一种生活不如意之下对往事的甜蜜追怀，是一种甜蜜之余的辛酸与无奈。

那么在教学中，如何处理这一环节呢？以情激情，唤起学生的情感体验需要注意什么呢？

一、选准文本，关注实际

选准文本，关注生活。关注学生实际，有效引导，找到以情激情的切合点，是实现以情激情教学的关键。比如，《我不是个好儿子》《陈情表》这些文章都能让学生想到亲情，想到自身的经历，都能激发他们对亲情的美好联想，从而达到以情激情的效果。

比如，一位老师在教学《我不是个好儿子》中，联系文章的注解"1993年11月27日于病房"对学生说了这样一段话：

人到伤心处，自然话悲凉。父亲因胃癌病故，母亲患眼疾，妹夫去世，自己身患乙肝，刚刚离婚，新书被禁，一个个沉重的打击如大山般压得他喘不过气来。他病倒了，病倒后的他触景伤怀，喃喃自语：我不是个好儿子，我不是个好儿子……一篇叩问心灵的作品从作者心灵中倾泻而出。我们在有些情况下不也有类似的感受吗？比如，成绩暂时落后时对父母发火，而后愧疚；感冒发烧清醒之后见到守护在自己身边的父母憔悴的脸庞，潸然落泪……

这样以情激情，水到渠成。

二、联系语境，正确解读

要联系语言环境，实现举一反三的语境教学。上文中程翔老师巧妙借助语境，联系"波光里的艳影，在我的心头荡漾"唤起学生深刻的情感体验，也是联系学生实际的典范。

请看一位名师教学《项脊轩志》时联系语境，对归有光为慈母早逝而泣的解读。

慈母早逝，归有光对她几乎无甚记忆，只能从老妪的点滴描述中感受母爱的温情。有限的了解，无限的深情，虽仅是回忆，对作者而言却弥足珍贵。

"某所，而母立于兹"给一个孩子带来了何等温暖的想象和慰帖的安慰！这个地方是母亲站立过的，似乎还留有母亲的气息：芬芳如兰，甘甜如乳。轻轻一句"儿寒乎？欲食乎？"，平淡之极，却温柔之至。"以指叩门扉"的形象呼之欲出：一个母亲既担心孩子饥寒，又生怕惊醒了熟睡中的孩子，小心翼翼地试了几次，才终于忍不住将手指轻轻叩上门扉的形象宛在眼前。老妪绘声绘色地描述，让"我"和我们一起感受母亲的温婉慈爱与贤良。母亲温情脉脉的话语，对于一个8岁就失去慈恩的少年，真是锥心的痛。所以，"语未毕，余泣，妪亦泣"。

这种引导，这份深情，自然感人，自可激发学生的情感。

三、点到为止，意蕴无穷

不必要把虚的东西转换成过实的东西，不必要把学生没有体验的强加在学生身上，点到为止，最好。

比如上面的案例，把学生所说的句子和教师的"试想"句子去掉，同样可以起到以情激情的效果。

在教学《登高》的深读环节，一位老师有这样的情感激发语：

一叶孤舟荡漾在冰冷的水上。唐大历五年（770）秋冬之际，诗人杜甫沿湘江北上入洞庭湖，随后经汨罗江来到平江县。在离千年以前屈原行吟投江不远的地方，饥寒交迫的诗人，走到了他光辉而又悲惨的一生的尽头，死在漂泊的那条破船上……"故教工部死，来伴大夫魂"，这是多么撼人心魄的悲壮和浪漫！

下面让我们带着对伟大诗人的崇敬之情齐读《登高》，开始！

这样点到为止，以情激情，辅以朗诵，学生的情感自然受到感染，诵读时也会更有感情。

四、诗化语言，诗化解读

比如，特级教师王君在教学《老王》的最后一个环节，为了深化对人物品质的理解，就采用了以情激情的教法，唤起学生的情感体验。

> 你不安　一直不安
>
> 他蹬　你坐　你不安
>
> 他只有一只眼　你不安
>
> 他要半价收费　你不安
>
> 他的香油和鸡蛋让你不安
>
> 他的悄悄去世让你不安

......

真的　真的

你已经做得足够好了

但你还是觉得自己不够慷慨

于是在被命运流放的日子里

你又把自己送上了灵魂的祭坛

诗歌语言本身就是十分凝练的，也是很容易激发学生情感的，在了解人物际遇的同时，加以情感激发，以情激情，自然会收到明显的效果，学生自然对杨绛先生的高贵品质，对80岁老人的反思精神肃然起敬。

五、结束语

追求以情激情的至美境界，需要深入文本，关注学生的思想实际，通过言行和神情等，采用灵活恰当的方式，用自己火热的情感去触动学生平静的心，从而让学生在思维碰撞出火花的同时，引发他们思想上的共鸣，达到真善美的情感教育之目的。

《悼念乔治·桑》教学设计

一、教学目的

1.引领学生了解乔治·桑的伟大人格、杰出成就及对后世的影响。

2.通过阅读课文，了解作者对乔治·桑的激情赞颂，品味语言的深刻内涵。

3.体会作者表达的情感，激发学生对自由幸福的渴望与追求之情。

二、教学过程

（一）导课

1876年6月7日，一位与巴尔扎克、雨果、福楼拜等齐名的女作家逝世，这位伟大作家的女权思想穿越了时空，至今仍散发出它理性的超越时代的光芒。她，就是乔治·桑。今天，我们来学习雨果为她所写的一篇感情激越的悼词——《悼念乔治·桑》。

（二）介绍乔治·桑与雨果

乔治·桑（1804—1876），法国女小说家。代表作有《安蒂亚娜》（1832）、《木工小史》（1840）、《康素爱萝》（1843）、《安吉堡的磨工》（1845）等。她的作品描写爱情上不幸的女性不懈地追求独立与自由，充满了青春的热情与反抗的意志，揭示了资本主义社会中妇女的命运问题，揭露了当时社会的罪恶，攻击了资本主义的财产制度和婚姻制度。乔治·桑是最早反映工人和农民生活的欧洲作家，她的作品描绘细腻，文字清丽流畅，风格委婉亲切，具有强烈的感染力。

雨果（1802—1885），19世纪前期积极浪漫主义文学运动的领袖，贯穿他一生活动和创作的主导思想是人道主义、反对暴力、以爱制"恶"。他的创作期长达60年以上，作品包括26卷诗歌、20卷小说、12卷剧本、21卷哲理论著，合计79卷之多，给法国文学和人类文化宝库增添了一份十分宝贵的文化遗产。其代表作有《巴黎圣母院》《悲惨世界》等。

了解一个人物的三个要素包括：第一，读懂文本，了解生平事迹。第二，读出感情，了解作者寄托、表达的感情。第三，叩问心灵。理解人物时不要贴标签，要把他们当作一个活生生的人来看待，用我们的心灵来解读。

三、整体感知课文

1. 明确任务。

（1）快速朗读课文，整体感知文章。

（2）画出赞颂乔治·桑的句子。

2. 学生朗读。

3. 朗读效果检测。

4. 交流赞颂乔治·桑的句子。

5. 师生总结：乔治·桑是19世纪法国著名小说家，是那个时代具有独一无二地位的伟大女性；她给法国带来了荣誉，创造了奇迹，留下了许多佳作，是法兰西民族的骄傲；她有伟大的品格，她是公开的行善者；她的思想像火炬一样不会熄灭，并将增添文明的光芒，照亮人们的心灵。

四、深层探究

问题思考：乔治·桑是法国著名小说家，为什么雨果在悼文中却说"列举她的作品显然是毫无必要"，只字不提她的作品，而激情澎湃地赞颂她伟大的地位、美好的品德和深远的影响与意义？

1. 学生思考。

2. 教师补充材料：乔治·桑的作品非常多，一生一共写了244部作品，内容涉及小说、戏剧、杂文、故事等。另外，她还有3万多封被称为"文学史上最优美的通信之一"的书信。

最重要的是她追求男女平等的女权思想。乔治·桑18岁就嫁为男爵夫人，但婚后生活的烦琐与爱情生活的平庸，使她厌倦了婚姻生活，做出了当时令人感到不可思议的惊世骇俗的举动，带着两个孩子到巴黎独自生活，这在当时的法国社会是绝对不允许的。当时的社会，一个自由、不羁、充满活力的男性，被社会称为伟大的生命，为社会所欣赏，而同样一个自由、不羁、充满活力的女性个体，则被称为肮脏的个体，为社会所唾弃。总之，女性是当时社会男性的附庸，没有自主，没有权利，没有自由……

在痛苦的思想挣扎历程中，乔治·桑深刻地认识到：女性要在男权至上的社会中拥有一席之地，拥有自己的自由空间，必须彻底地解放自己。所以，她与男性一样，吸烟、饮酒、穿长裤、马靴；与众多的男性交往，诗人缪塞，音乐家李斯特、肖邦，文学家雨果、福楼拜等都是她交流的对象和她家的常客；她还大力呼吁男女平等，她的作品中女性不懈地追求独立与自由，充满了青春的热情与反抗的意志。她为女权、共和政权奋斗了一生。

2004年是乔治·桑200周年诞辰，法国把这一年定为"乔治·桑年"，可见她思想影响的深远。

3. 学生回答，教师总结。

（1）乔治·桑的文学影响非常之大，非一般人所能及，可以说早就有目共睹。文学上举世瞩目的成就，自不必谈。

（2）除成就外，那些不为人知的人格魅力、伟大思想、社会地位及对后世深远的影响与意义更能显示一个人的伟大，所以作者选取了这些来歌颂乔治·桑的伟大。可以说，乔治·桑的思想具有超越时代的意义。

五、美点赏析

1. 自主探究：找出触动你心灵的句子或词语，并用简洁的语言写出原因。
2. 合作交流：参阅同学写的感悟，分组交流评价。

学生交流赏析。

生1："乔治·桑就是一种思想，她从肉体中超脱出来，自由自在，虽死犹生，永垂不朽。啊，自由的女神！"这句话写出了乔治·桑思想的伟大，灵魂的高贵，她是追求自由的女神，她的思想光芒将永远照耀人间。

生2："她像巴贝斯一样有着一颗伟大的心，她像巴尔扎克一样有着伟大的精神，她像拉马丁一样有着伟大的灵魂。"这一组对比，说明乔治·桑的伟大地位，突出了她是法兰西民族的骄傲。

生3："一切真理、一切正义正在向我们走来。这就是我们听到的振翅搏击的声响。"乔治·桑虽然离我们远去，但她给我们留下了无穷的精神财富，一切真理、正义向我们走来。或者说，她的思想就是真理，就是正义！

那种巨大的声响就是我们所倾听到的真理、正义的声音！

（其他学生略）

教师渗透、交流：

"乔治·桑年"的组织者之一曾这样描述她心目中的乔治·桑："她是个持家的女人，也是细心的母亲。她是最早靠写作谋生的女人，也是最早担任记者职务的女性。"

在浏览网页的时候，曾读到这样一篇文章《永远的乔治·桑》，其中有这样一个片段：

"她是一个真正的先锋、真正的勇士，她的力量是永恒的，她的笑容、她的话语、她的韵事可以穿越时空，带给我们无穷的启迪。她的勇气甚至会让我们的脸在习惯的矫饰面具下羞愧地变红。"

福楼拜向乔治·桑学习了十年，他曾经这样评价乔治·桑："她永远是法国的一位杰出人物，而且是法国唯一的光荣！"

六、倾吐心声，升华感情，体悟人格伟大

1. 《怀念乔治·桑》是法国著名作家雨果写的一篇悼词，表达了作者对乔治·桑的无比崇敬及由衷赞美。

作为女性，她有天使般温柔的禀性，有男子般强韧的力量，是法兰西民族的骄傲。

作为作家，她用善良点燃了文明的圣火，赢来了真正的光明。

作为思想家，她创造了人类精神领域一笔不可多得的财富（女权思想），她是真理、正义的化身。

2. 请你对乔治·桑说一句发自肺腑的话：

乔治·桑，你_____！

七、结束语

乔治·桑已逝，但她的女权思想穿越了历史，折射出璀璨的光芒；她的丰厚作品超越了时空，点燃了文明的火炬。她用高贵的灵魂向我们昭示着女性应追求的自由幸福与个性的真正解放！

让我们走近乔治·桑，触摸她不朽的灵魂，感受她不屈的精神；品读她的作品，了解她伟大的胸怀，超越时代的思想，感悟真正的自由、平等与幸福！

让学生思维灵动，永远是课堂教学的生命

——《悼念乔治·桑》一文教学反思

反思《悼念乔治·桑》一文的教学，我深刻感受到，因为自身素质的缺陷，课堂教学中有很多不足之处，等待我去修改、去创新。但比较欣慰的一点是，从学生课堂上的反应，从学生高涨的热情、积极主动的参与、精彩的发言来看，基本上达到了预期的效果。

反思整堂课的教学，我比较粗浅的认识就是：让学生思维灵动，永远是课堂教学的生命！

根据新课标的教学理念，学生应该成为课堂教学的主体，应该成为主动求知的主体，应该成为善于合作交流的主体，也应该成为个性化的、能自主解读文本的主体。而让学生思维灵动，大胆地听说读写，勇敢地表达自己的观点，应该是课堂教学中贯彻新课标理念的一个切入点。教学目标的确定，教学结构的处理，教学重难点的确立，教学思路的创新，都必须以此为基础，才能真正贯彻三维目标，使学生有所感悟、思考和收获。

本单元的主题是"跨越时空的美丽"。学生距离伟人的时代已经比较远了，必须让学生把伟人当作一个活生生的富有感情的人来看待，而不是盲目地贴标签，所以我引领学生"叩问心灵"，用自己的心灵来解读，让他们通过三种方式品情入文：第一，读懂文本，了解生平事迹。第二，读出感情，了解作者寄托、表达的感情。第三，叩问心灵。

在以上思考的基础上，我确立了本节课的教学目标和教学思路。

一、教学目标

1. 引领学生了解乔治·桑的伟大人格、杰出成就及对后世的影响。

2. 通过阅读课文，了解作者对乔治·桑的激情赞颂，品味语言的深刻内涵。

3. 体会作者表达的情感，激发学生对自由、幸福的热烈渴望与追求之情。

二、教学思路

1. 设置情境，导入新课。

2. 朗读课文，整体感知。（解决文章写了什么的问题）

3. 深层探究，感悟思路。（解决为什么这样写的问题）

4. 品味语言，体会感情。（解决这样写有什么好处的问题）

5. 补充句子，升华情感。

6. 回归文本，激发学生深入研究作者和文本的热情。

以上几个环节，均以学生为主体，以激活学生的思维为出发点，把学生的读贯穿始终，使学生自主求知，主动发展，合作交流，不断探究，有所感悟，有所发现，有所创新。

纵观整个课堂教学，我认为令人满意的地方有以下几点：

1. 紧紧围绕"激活学生的思维"来设计问题，使学生产生浓厚的兴趣，引导学生听、说、读、写、议，让学生在课堂上思维灵动，大胆发言，自主探究，学习的积极性高涨。

2. 课堂结构比较合理，环环相扣，不断深入。

3. 贯彻了三维目标，使学生不断地朝"积累·整合、感受·鉴赏、思考·领悟、应用·拓展、发现·创新"的层面发展。

4. 关注了每一位学生。学生的自我阅读和回答问题，就体现了这一点。

不足之处：

1. 点评不到位，应注意以下几点。

（1）对学生的回答应该给予精准、到位、具体的评价，而不应该单纯以"好"或"不好"来评价。在具体的教学过程中，因为学生回答得比较精彩，我不愿打断学生的思路，所以未做评价，有的评价也欠具体。

（2）应要求学生注意回答问题的层次性，而且要以问题为依据。

（3）应告诉学生回答问题要有文本意识。答案就在文本之中，要有文本意识，把文章作为依据，到文章中寻找答案是最好的途径。

2. 应将雨果等人与乔治·桑的关系点化一下，引导学生由情入文，循情探文。

3. 诵读贯彻不够到位，应引领学生多次朗读与品味。

4. 应设置一个学生谈这节课收获的环节，让学生有成就感。

5. 自身的教学语言应不断锤炼，这也是这节课我最大的感触。

说了这么多，真正有价值的东西可能不太多。反思是为了促使自己更好更快地进步，在以后的教学过程中，我将继续努力，让学生思维灵动，让自己的课堂教学为学生所欢迎。最重要的是，我将不断改正自己的缺点，弥补自己的不足，不断打造自己的教学风格，使自己有更为长足的进步与发展。

整合 互联 对话

——黄厚江老师《谏太宗十思疏》课例赏读

整合、互联、对话是资源整合和文本共生的三个节点。在这三个节点的统领之下，黄厚江老师的《谏太宗十思疏》课例就通过有机整合，形成共生原点，寻求教学活动的无限张力；在互联互证中，使学生的思维不断激活和深化，让学习真正发生；通过言语对话，培养语感，实现了学生精神气质的升华。

一、整合：形成共生原点，形成教学活动的无限张力

通过有机整合，形成共生原点，从而拓展教学空间，形成教学活动的无限张力。对于共生教学，黄厚江老师说，相关资源和教学文本的共生，不是简单化地将相关资源直接作为教学内容，更不是简单地将这些资源引入课堂，而是努力发现相关资源和教学文本的共生原点，使两者有机整合，使相关资源为教学文本的教学服务，利用相关资源的设计和组织处理教学文本的教学活动。

在阅读教学中，有许多和教学文本相关的教学资源，比如节选作品的其他部分，古代作品的不同版本，外国作品的不同翻译，同一题材的不同作品以及作品的各种评论等。利用这些资源，和教学文本形成共生，不仅可以使教学内容和教学资源得到丰富，而且可以极大地拓展教学空间，形成教学活动的张力。

《谏太宗十思疏》的教学就是比较典型的相关资源和文本共生的阅读教学。借助不同版本这一枚共生种子，通过"互联"和"对话"，在不断的辨

析比较中，在大量知识的积累中，在多次反复的朗读品味中，学生的学习积极性被激发，学习的热情高涨，学生的思维打开，他们在资源的比较增删中深化对重点词语的合理解读、对文本主旨结构的把握，在不断的朗读中提升语言的感悟能力，在情境下的语言训练中提升语言运用能力，让学习真正发生，使学生素养不断提升，使共生教学趋向极致。

尽管我们一直强调文言文的教学要文言、文章、文学、文化"四文"统一，但仍有许多教师认为，文言文就是串讲文意，就是实词、虚词和文言句式。原因在于教师视野的狭隘与教学的功利，更重要的是没有找到教学的"抓手"，无从下手，不能将知识教学与文化教学相结合，实现文言、文章、文学、文化"四文"的统一。

《谏太宗十思疏》一课的教学通过有机整合，形成共生原点；梳理、积累文言实虚词语，厘清文脉，梳理结构，感受主旨、人文关怀等，淡然无痕地穿插于教学中，以不同版本比较这一共生种子为起点，通过"互联"和"对话"等系列活动，达到了共生的和谐境界。一粒共生的种子，使课堂教学形成了无限的张力。

二、互联：使学生的思维不断激活和深化，让学习真正发生

所谓互联，就是在教学之时，在文本的不同信息之处进行有意义的多维联结，以利于在恰当的时候选点突破，从而让学生的学习变得更加彻底、完善，使学生学习的原初感受得到最大限度的超越。

曾任联合国教科文组织总干事的费得里科·马约尔说："我们应重新思考组织知识的方式，为实现这一点，我们应该推倒学科之间的传统壁垒并设想怎样把迄今为止被分割的东西连接起来。"法国学者埃德加·莫兰说："善于抓住总体和基本的问题，并在这个框架内整合部分和局部认识。由于根据学科划分而被片段化了的知识占据优势，常常使人不善于进行部分和整体之间的连接工作。上述认识应让位于能够在其背景、复杂性、整体中把握对象的认识模式。"

以上理论为"互联"确立了科学依据，也是对"互联"的最好佐证。《谏太宗十思疏》课例安排的前两个共生学习活动就借助"互联"，使学生的思维不断激活和深化，让学习真正发生。

第一个活动是注释比较。通过比较注释的异同，探讨其是否需要，完成

课文内容的基本解读，同时培养学生推敲字词意义的能力和利用注释解读课文的良好习惯。

对"长"读为"cháng"和"zhǎng"的推测与理解，对"浚"的含义的A版本"疏通"和B版本"深挖"注解的深刻解读，对"下愚"规范注解的思考，让学生在比较中激起探究的兴趣，在语境中思考语言文字的内涵，在语言的对比中"出生入死"，在旁证、内证之中掌握方法。这种在体验中把握规律，在探究中思考质疑的教学，既解决了矛盾，积累了相关的文言知识，又掌握了方法，形成了解读文本的技能。

第二个活动主要围绕文本的删减展开，通过主旨、结构的讨论来比较文本增或删的效果。这个活动删减相较，再明主旨，培养学生探究阅读的意识和能力。

在学生提出删去部分内容并不影响全文意思的表达，使行文更为简洁清晰，也不会破坏主旨、不杂乱的情况下，黄老师启发引导学生从主旨、结构、语言、文章的气韵来比较增删的效果。借助关键词"思"，把握文章的脉络与逻辑关系，进而提出"居安思危"不足以概括文章的主旨，全文的主旨更合理的理解应该是"积德义"。从结构看，先比喻，后反面举例，最后一段加以重申与强调，前后照应紧密，"德"的主线更加清楚，更符合逻辑关系；从句式角度讲，保留原句与后文形成排比句式，且合理使用比喻修辞，节奏变化更丰富，情感表达更到位；语言上，骈散结合的句子更适合朗读，更富有气韵，读起来更为和谐上口。在此基础上，得出结论，之所以把观点理解为"居安思危"，是因为受文本删减的影响。

以上"互联"活动，让学生在文本删减中进进出出，在比较鉴别中探究思考，在主旨理解中思辨强化，学生对文本的解读能力也就有了明显提高。

三、对话：诵读体验，言语实践，实现精神气质的升华

"语文就是对话，语文教学是师生之间的对话，是学生和文本的对话。""语文学习必须以学生语文实践活动为核心，开展丰富多彩的言语实践活动，构建学生的语文综合素养。在对话型语文学习中，对课文的每一次言语实践活动，都是对课文的一次感知体验。"

途径之一：诵读体验

"朗读和背诵就是直接面对文本的言语形式与经典和巨人直接对话的语文

实践活动，也是广化、深化、美化、敏化语感的重要途径。"

本节课的第三个活动是通过不同版本的朗读对比，感受文章的情感，认识文章骈散结合的语言特点及其和情感表达之间的内在关系。

将教师的诵读与著名主持人的诵读加以比较，A版本的情感更加激昂，适时引出写作的背景，强化学生的认识，引发学生的思想共鸣，使学生披文入情，了解背景，感受氛围，思考特定历史下的特定情境，从而更深刻地理解文章的思想内容。

在《谏太宗十思疏》一文教学中，通过朗读实现了学生、教师与文本、作者的对话，同学读、教师读、录音读，读中品味，读中感悟。步步推进，合理有效，教师的动情参与，学生的积极踊跃，让课堂闪动智慧的灵光。学生在诵读参与中理解了文章的内容，探究、体验到文章的表达技巧，也感悟到涌动在其间的作者的情感。

途径之二：加工格言

在前面共生活动的基础上，第四个活动是学生和文本之间的阅读共生，根据一定的表达情境和对象将文本内容加工为生活格言。这是一种言语实践活动，确切而言，更是一种深度对话。

黄老师以贞观之治的盛景和太宗对魏徵的评价导入，引导学生进行语言训练。第一个环节是形式新颖的续写，这易于激发学生的兴趣，强化学生对文本主旨的深层理解，学生的思维打开，"学知识，枳德义，治性情，善始终，知一切"，一系列的意象从学生口中流出，课堂气氛火热；第二个环节是由黄老师联系自己书房中的"谦冲自牧"自勉自励，引导学生概括格言成语，概括语言在不同场合下如何恰当运用。学生积极思考，提炼出"根固木长""竭诚待下""知足自戒"等几十个格言，完全沉浸于语言的概括体验活动中。本课例着力于教学过程、语言运用两个环节，呈现出科学的教学梯度，在学习教材的过程中，通过师生的学习对话活动，自然而然地拓展了教材内容和教学内容。同时在不断整理与不断修正中，总结语言技巧，体验语言的无穷魅力。

比较精彩的是第二个环节之导语，黄老师说："文中格言对我们这些普通人也很有借鉴意义。我读课文的时候，就针对自己的缺点，从文中的一个句子中提炼出一个四字格言，时时告诫自己'谦冲自牧'。你们能从文章句子中提炼格言用以自勉或勉励他人吗？"教师的以身试教，身体力行，不仅仅是为学生语言训练设置的具体语境，更重要的是对学生做人自省方式的最好启迪。

给企业领导和老师写格言，就是实际意义上的语境之下的灵活运用了。这些共生活动有效地激发了学生探究阅读的兴趣，深化了对文本内容的理解，拓展了文本解读的空间。

最后，黄老师告诉学生要用心去读文章，要学会研读，以我观文，用我们的心去读文章，这样得到的"义"就不仅是作者的"义"，还是更丰富的、发展的"义"。这是方法的指导，轻轻一点，却有着意蕴无穷、影响久远的妙处。

以上活动以对话为核心，学生积极参与言语实践活动，体会了情感，训练了口语的表达运用，体验了语言的无穷魅力，实现了精神气质的升华，使共生教学臻于至境。

整合、互联、对话是《谏太宗十思疏》资源整合和文本共生的三个节点。在这三个节点的推动下，课例以新旧教科书的注释和版本的不同作为教学设计的凭借，从文章的主旨理解、结构分析、诵读的气韵、句式特点等角度引导学生进行比较，把寻常教学中一般都绕道而行的"如何评价文本的删改"这一难点问题，变成引领学生提高文言文阅读能力和欣赏能力的新路径，生成许多新的鲜活的内容，实现了教的过程、学的过程与教学内容的互动共生，有效拓展了教科书的使用空间，提升了教科书的使用价值。

着眼于教学过程中的师生关系、生生关系的互动，立足于学生阅读体验、阅读经验和阅读过程的激活与丰富，三个节点有效引领学生在比较中积累文言知识，在体验中强化对文言文的解读能力，从而实现了相关资源和教学文本的共生，让学生在课堂之上真正体验到了"愤启、悱发"的过程，获得了解疑的快乐，实现了学生的真正成长，也促进了学生核心素养的培养。

参考文献

［1］黄厚江.你也可以这样教阅读［M］.南京：江苏凤凰教育出版社，2014.

［2］李仁甫.你的语文课也可以这样灵动［M］.南京：江苏人民出版社，2017.

［3］陈连林.教会学生深度学习语文［J］.高中语文教与学，2017（1）：53.

［4］王尚文.语感教学论［M］.杭州：浙江教育出版社，2004.

构建自我共生的学习环境

——黄厚江老师"自我提升和再度写作"课例赏读

长期以来，我们习惯把学习兴趣、学习意愿和学习投入作为学生学习效果的主要因素，但往往忽视教育视阈中的学习是个体与环境相伴互动的过程，学习环境直接影响学生学习的质效与进程。语文学习如此，语文学习中的"老大难"——作文学习亦是如此。就教师而言，面对作文教学，我们常常处于一种无序的状态，找寻不到解决的途径，甚至我们接受了很多写作理论，学习了数不尽的方法技巧，但始终落实不到学生身上。针对此困惑，黄厚江老师"自主共生"理念下的"自我提升和再度写作"课无疑给了我们很多启发。黄老师引领学生借助自己的习作——成功的、不成功的，完整的、不完整的——写出新的习作，在发散式的、连锁式的、裂变式的写作活动和写作过程中感受写作、认识写作，提高学生的写作能力和写作素养。这种自我共生理念的确立和大胆实践，丰富了写作课堂的内容，推动了写作课堂的发展，拓展了写作教学的空间，使写作教学真正达到一种全新的境界。

总体而言，这堂共生写作课有以下几点，体现了黄老师的共生教学观。

第一，给学生一粒共生的种子，让学生尽情体验写作的过程，促进学生的自我提升。

共生教学需要准备一粒共生的种子，让学生在体验过程中实现自我生成，自我提升。什么叫写作的种子？黄老师说，就是能够激发学生写作欲望，能够激活学生写作体验，能够把学生带进并且推进学生写作过程的写作教学原点：可以是一个故事，可以是一个情景，可以是一个素材，可以是一个案例，可以是一种心情，可以是一个矛盾，可以是一句名言。

"自我提升和再度写作"课选取的种子就是学生以往的习作。课前，全班同学每人提供一篇自选的比较满意的习作，然后将电子稿发给老师。这样，学生对自己的习作进行了一次筛选，一次层次不同的质量上的检阅，这种筛选与检阅，能增加自信。同时，通过优劣的比较，学生自会从结构、语言、主题、技巧等多个方面探究思考自己习作的成功之处与不足之处，进而明缺识优，总结经验，提升审美能力。黄老师对学生的习作进行审读之后，对每位学生的写作水平、风格特色有了大致的了解，然后对每位学生的习作进行编号，并将其输入电脑，课前下发。这样，学生在朗读自己习作或者提出修改意见的时候，教师可以投影展示习作，这种学情视角下的课堂重构更具有针对性和时效性。

这些材料，或者说习作就是共生教学的"种子"，它能激发学生的写作欲望，激活学生的写作体验，把学生带进写作过程中，并且在写作过程中，引领学生不断体验，真正实现再度作文和自我共生。"不教而教"，让学生亲历写作的过程，体验写作的过程，积累种种写作感受，是作文教学最基本的教学内容。合理利用共生教学这枚"种子"，学生自然能在真实的、深刻的体验过程中收获写作的技巧，在不断的修正和创作中提升技能，体悟写作的规律。

情境认知学习理论曾提出："学习是根植于情境中的，而不是像传统认为的那样可以在'去情境'条件下进行；知识也不是一个独立于情境的客观实体，而是学习者建构知识的背景及学习者在建构知识时所从事的活动的一个有机组成部分。"黄老师的课无疑给我们做了一个很好的示范，根植于情境，用写作教写作，在写作中学写作，精选一粒种子，长成一根主干，伸开根根青枝，萌发片片绿叶。一枚种子能带动整个课堂，激活学习的场景，收到促进自我共生的效用。

第二，多方位地立体地激活，优化学习过程，生发理想的写作体验和经验。

共生教学着眼于教学过程中的师生关系、生生关系的互动，立足于学生的写作体验、写作经验和写作过程的激活与丰富；通过教师的写作体验、写作经验激活学生的写作兴趣、写作欲望以及学生之间的互相激发，优化学生的写作过程，唤醒学生的体验和经验，使之生发出更为理想的写作体验和经验。

建构主义学习观认为，学习不是教师简单地把知识传递给学生，而是学生根据自己已有的经验背景，对外部信息进行主动的选择、加工处理，通过新旧知识间反复的、双向的作用而建构成的。因此，尊重学生的表现，了解学生的学习状态，激发学生的学习热情，并多方位地立体化地激活，才能优化学习过程，也才能生发理想的写作体验和经验。黄老师的共生写作课就贯彻了这一点。

在课堂之始，黄老师就告诉学生，每一篇文章都有提升的空间，每一次改动都有质量的提升，每一次思考都有思维的价值。这样，学生的思维和兴趣被极大地调动，他们积极思考，全心投入，思维高度兴奋，求知欲、参与欲达到极其旺盛的状态。

黄老师用自己的写作教学生写作，用自己的写作感受激活学生的写作感受，用自己的写作体验激活学生的写作体验。"随笔不是随意！随笔放开一点写不错，但作为文章，它还是应该有所选择，有所取，有所舍。我相信这位同学这次修改以后，这篇文章的主题、主线都会更加集中。"这种引导增强了课堂的针对性，是对共生的激活，也是对学生思维的激活。

本堂课既有由师到生的互动，也有由生到师的互动，更多的是由生到生的生生互动；即使对于每一个个体，也是一个不断循环、不断往复、不断丰富、不断深化、不断升华的过程，而不是简单的对接。

共生唤醒学生不同的体验和感受、不同的理解和思考、不同的立意和构思，促进了生生之间、师生之间的共生合作。语文学习是一种情境濡染、熏陶和能动的适应性习得过程，通过课堂之上真实的情境体验以及学生之间的互相激活，促使学生心灵受到震动，感受到文章质量提升的愉悦，自然地把这种再度修改、再次创作，提升到自我共生之境界。

第三，站在学生立场，开展多层次、多角度的活动，促进自我共生的达成。

从某种意义上说，写作主要是一种个人化的行为。一个人要写好文章，就要善于对自己的各种素材、好的作文、不好的作文进行不断的优化和使用。共生教学强调教师要站在学生的立场，立足于学生写作的具体处境指导学生写作，切切实实解决学生存在的问题。

本课例中，黄老师用平等的视角看待学生，高度承认学习过程中的交互性及其价值，从更高层次上实现共生教学对学生的意义，真正把课堂变成了学习的场所，把教学的过程变成了激活体验的过程，变成了学习成长的过程。多层次、多角度的活动，促进了自我共生的达成，让学生享受探索写作的愉悦。

教学过程的第一个活动是学生自我展示和介绍自己的习作。呼唤学生的积极主动性，引领学生思考为什么写这一篇文章。告诉学生，"拼拼凑凑"就是一种自我共生的写作，很多好文章就是这样写出来的。

第二个活动是让学生用3分钟时间，再读自己认为成功的习作，找一个点进行修改。可以修改标题、立意，调整结构，改变详略，改一下开头或结尾，甚至改一个词、一个标点。在学生改动之后，紧扣学生文章特点，教师对文章基调、详略、素材的使用进行点拨，然后强调，别轻易扔了自己的练笔、自己的文章，要养成经常看自己文章的好习惯。经常看看，就能发现不足，也能发现得意之处，更能产生新的写作冲动。这些对培养写作兴趣，激发写作意识，提高写作能力，提升写作素养都很有意义。

第三个活动是重点活动，就是尝试"再度写作"。在某种意义上，前面的活动都在为这个重点活动做铺垫和准备。再度写作，抓构思，根据前后构思的不同，体现学生思想的飞跃，实现文章的再次生成。黄老师的指导侧重构思的前后对比，要求学生说明白两层意思：我原来的作文是怎样写的；现在新的构思是什么。这种比较，有着效果的前后对照，学生的写作积累在对照比较中不断生成，并且这种生成脱胎于母本，是对前几次的超越，更是一种质的提升。此环节中，黄老师不失时机地启发学生，好文章都是从自己的心灵里来的，"再度写作"不一定是对原作的修改，完全可以在原作的基础上写出新的文章，有新的构思、新的立意。

精彩的是，黄老师第三个活动的总结点评：

估计一般同学写《独自面对》都是写怎样独自面对困难，独自克服困难。这的确是大路货，一般都这么写。偏题吗？不偏题，但是没有深度，没有新意。我们这位同学当时写的是独自面对荣誉和成绩，这是有新意的。……这次再度创作，同样一个题目，她的主题调整了，文体也改变了，选材也换了。上次是议论文，这次是记叙文。这次是写一次独自骑自行车的经历，有点象征隐喻的意味，将独自骑自行车的经历和人的生活旅程联系在一起。我想同学们都能感受到她对题目的理解、对材料的处理，都比以前好。

这是整堂课的高潮，也是前面自我展示和系统修改的有效提升。黄老师用四两拨千斤的技巧，引领学生体验写作过程，形成善于反思的品质，在写作经验形成的过程中掌握方法运用技巧，促进新的共生，让课堂教学不断深入，层次不断提升，使整堂课的意蕴不断丰厚。

第四，打造生态环境磁场，构建自我共生的学习环境，激发潜伏在学生生命中最本真、最活跃、最积极的言说欲求。

教育学视阈下的"学习环境"一般是指："促进学习者建构知识和身份的学习活动及学习支持的统合。学习环境设计的核心是让学习者做什么（活动）以及教师需要给他们提供哪些支持。"无疑，黄老师的这堂课在学习环境设计方面很好地做到了这一点。在共生演进的过程中，不仅有序有道地指导点拨了学生，还给学生留有自主思索、个性发展的空间，打造了一个自然、开放、和谐的"生态环境磁场"，为学生提供了适宜成长的"阳光、空气和温度"。在和谐的"生态环境磁场"中，师生之间高度融合、互相"激活"，达到了内容和形式互相统一，过程与结果双向互动和促进，学生在积极、主动的思维过程中，加深了理解和体验，获得了思想的启迪，享受了审美的乐趣，收获了情感的熏陶。

更可贵的是，黄老师以身示范，走入心灵，把自己对写作的体验和写作发现，把自己的殷切之情，转化成教学智慧、教学创造运用到学生身上，用自己的激情激发了潜伏在学生生命中的最本真、最活跃、最积极的言说欲求，让学生探索写作的规律，体验共生写作的快乐。

黄老师的"自我提升和再度写作"课例，以构建自我共生的学习环境为基点，让学生在同一个素材、同一个题目、同一个立意、同一个话题的多次写作中，获得写作的真切感受，形成写作所必需的种种丰富的积累，对写作的规律有所领悟，进而形成自身直接的写作经验。教师合理引导，教会学生形成再度写作的基本理念，掌握再度写作的基本方法。这是一次自我提升与再度写作的课，更是一堂思维与智慧齐飞的课，它再现了本色语文对课堂规律的追求，体现了共生教学的深层内涵。

参考文献

[1]周文叶.学生表现性评价研究［D］.上海：华东师范大学，2009.

[2]陈金华.智慧学习环境构建［M］.北京：国防工业出版社，2013.

第二篇 静水流深贵生成——教学镜头·质疑思考·课例赏读

深度体验，深刻生成

——评马月亮老师的《套中人》

马月亮老师的《套中人》一课，在反复体验中激活，在层层探究中生成，在矛盾纠结处思辨探妙，在个体自然生存状态下关注生命，还原人的生活本真，在创作意图思考中提升境界……以上环节层层围绕学生的心灵体验，解读文本，思考作者对人生问题的关注，对人类积习的哲理性剖析，深度体验，深刻生成。整堂课给我们以豁然开朗、耳目一新的感觉。

我们来看这堂课的具体操作路径。

一、在共生原点引领下体验、激活

对于共生原点，黄厚江老师这样界定：

"语文共生教学法的课堂结构可以描述为'树式共生课堂结构'。'一个点，一条线，分层推进，多点共生。'如果用一个比喻说明，就是精选一粒种子，长成一根主干，伸开根根青枝，萌发片片绿叶。这粒种子，我们称之为共生原点。"

马月亮老师的《套中人》一课，以别里科夫人物形象为共生原点，引领学生进入阅读情境，开启思维和智慧。别里科夫人物形象既是树种，又是火种，在课堂教学中长成一棵大树，燃成火焰，点燃了整堂课的多方位解读。

精彩导入之后，在别里科夫人物形象这一原点问题的引领下，师生反复研读文本，挖掘文字背后的深层含义，由现象到本质、由个体到群体探究人物形象的多重性，在对个体命运进行剖析的基础上反思社会根源。整个教学流程一气呵成：初识套中人——可笑的胆小鬼；解读套中人——可恶的刽子手；审视套中人——可怜的牺牲品；反思套中人——可思的套中人。四个教学环节步步深入，关注细节，体验情感与心理；披文入情，细细解读；置换场景，换位思考……或品读，或寻找，或思考，或质疑，适时点拨、指导，促使学生扫除文字之隔，体验、体察人物心灵，剖析人物灵魂，洞悉特定时代之下套中人的深刻内涵。

在反复体验中激活，是本课例鲜明的特色。如"初识套中人"这个环节，在梳理人物之间的关系，借助两幅漫画来了解别里科夫和华连卡之间的故事之后，让学生思考探究别里科夫到底是一个怎样的人，进而在核心事件中探究人物的性格。让学生速读文本，找出最能体现别里科夫性格的一句话或一段文字，进而揣摩心理，描述心态，品读鉴赏，借朗读表达人物情感，体验人物性格；用声音还原当时的场景，传达自己的心灵体验。学生读的过程就是表达情感的过程，体验到别里科夫提心吊胆、战战兢兢的恐惧状态，自然而然得出"可笑的胆小鬼"的结论，"可笑的胆小鬼的形象"就在学生的心灵中生根发芽了。

这种巧用教学支架，激活思维的方式，让学习真正生成。课堂异常活跃，教师激情洋溢，学生兴趣盎然。整堂课如清水入渠，潺潺流淌，自见清越；如风行水上，顺畅自然，潇洒自得。

文本解读的目的，不能仅仅是帮助学生获得知识，提高阅读能力和语文素养，还应丰富学生道德生命体验，拓展提升学生境界。体验，是言语的生命，也是学生披文入情的关键。激活，则点燃学生思维，让学生在品读感悟等活动中迸发智慧，获取新知。该课例在共生原点的引领下体验、激活，很好地落实了这一点。

二、在矛盾纠结处思辨探妙

鲁迅说过，作品的一些极要紧、极精彩处往往不易看出。能看出来，就是能力。

孙绍振先生认为，文本分析的对象是文本的矛盾。在阅读教学中，从矛盾纠结处入手，可以渐臻阅读教学佳境，发掘文本教学价值。

潘新和教授认为，阅读活动首要的和根本的就是要引导学生感悟、把握、领会优秀读物的秘妙。从审美的角度，我们把这"秘妙"称为"美"。

该课例就是通过矛盾纠结点，管窥人物心理，探讨人物个性，披文入情，品鉴人物性格产生的土壤与根源，在矛盾冲突中解读人物的心理和命运，从而实现"探妙"之目的。

一个个矛盾纠结点就是文本解读的突破点，我们看典型的三处。

矛盾纠结点之一

在学生解答完别里科夫这个胆小鬼（怕）因为告密这一手段辖制全城十五年之后（让全城怕），教师紧跟着提出了如下问题。

师：我还有一个疑问，如果是因为告密，说别里科夫辖制全校是可以理解的，怎么会辖制全城呢？难道他有千里眼、顺风耳？（生笑，沉默）投影的这段文字中有没有值得我们揣摩的地方？

生（小声）：别里科夫这类人。

这样，由个人到社会，由一个人到一类人，由一类人到当时的社会背景，合理自然地得出"可恶的刽子手"这一形象界定。这是部分教师容易忽略的问题。

矛盾纠结点之二

别里科夫死了，为什么神情温和、愉快，甚至高兴？文章为什么说"他的理想实现了"？

师：对于别里科夫这样一个整天担惊受怕、提心吊胆的人来说，或许只有死才是最好的结局，小说对他死时的神态的描写也颇耐人寻味。

（投影：这时候他躺在棺材里，神情温和、愉快，甚至高兴，仿佛暗自庆幸终于装进一个套子里，从此再也不必出来了似的。是啊，他的理想实现了！）

师：哪位同学谈谈读后的感受？

生：我感觉对于别里科夫而言，死成了一种解脱，他活着时一定承受了太多的痛苦。

学生自然感受到了别里科夫的紧张与害怕，社会对他的迫害何等严酷！

这一环节的目的是让学生深刻体会别里科夫的无比绝望，这种悖论之下的无奈和荒诞，强化的是一种讽刺的力量。同时，为下文教师的抒情呼吁、以情激情做铺垫，让学生体验别里科夫曾经历的孤独绝望、痛苦无奈、血泪挣扎，是社会的严酷碾压了血肉和灵魂，只留下一个行尸走肉、牵制他人的傀儡符号。

矛盾纠结点之三

"反思套中人"一节，"我们"是有思想的、极其正派的，受过屠格涅夫和谢德林的教育，可是却屈服、容忍套中人的存在，问题出在哪里？

马老师以一个启迪思维的填空来处理这一问题。

师：小说中一个着墨不多的人物伊万·伊万内奇对"我们"有一段耐人寻味的评价。

（投影：是啊，有思想的正派人，既读屠格涅夫，又读谢德林，还读勃克尔等，可是他们却屈服、容忍这种事……问题就在这儿了。）

他说问题就在这儿，什么的问题就在这儿？如果让你填一个词，你会填什么？为什么？

此问题直击"套中人"产生的根源，让学生的思维不断地走向深入，"思想的保守、人性的软弱和社会的根源"等呈现于学生面前，有振聋发聩之效。

教师发现的矛盾纠结处越多，越能引导学生深层解读，就越能在矛盾纠结处思辨探妙。

三、在个体自然生存状态下还原

北京名师连中国曾说，单纯字句词面上的解说，甚至风格主题的归纳，终究不能代替生命内在的成长与进阶。所以，需要深度体验，深层、深刻体验个体生命状态。在个体自然生存状态下，还原生命的常态，是促成学生深刻体验的途径之一。

《套中人》不仅反映了作者对俄罗斯人民生命状态的关切，它还超越时代的困境问题，表达了作者对人类生命状态的关注和思考。所以，需要引领学生关注特定时代，关注人类命运，进行情境式的体验，让学生在自然状态下，关注个体生命状态，实现深层解读。

"审视套中人"这个环节，用"别里科夫有着怎样的过去呢"这一问题引发学生思考。学生大胆想象别里科夫过去的生活，畅所欲言，在此基础上，思考探究他为什么变成了一个套中人，得出结论"他受到过伤害，他告密只求自保"。

为了突出情感体验，揣摩主人公说"千万别闹出乱子来啊"这句话时的恐惧、害怕、紧张的心情，体验别里科夫的心理波动，随机投影：

曾经的别里科夫一定也同我们一样，拥有过无数美丽的梦想；然而，在多少次尝试，多少次碰壁，多少次被扼杀之后，他开始变得谨小慎微，开始把自己装进套子里。他一层一层地把自己包裹起来，这是一种何等的痛苦与无奈。在无人知晓的寒冷深夜，蜷缩在套中的别里科夫一定也有过许多泪水和挣扎，直到最后一滴眼泪流干，成为一个"干枯"的人，再也没有了血性，没有了情感，没有了欢笑，没有了生活乐趣，没有了灵魂，连最动人的爱情也无法将他滋润。于是，他成了装在套子里的人，成了一个社会的傀儡，成了一个时代的符号。我们应该感受到别里科夫灵魂最深处的疼痛与震颤！

这是最为精彩的一环，马老师借助自己的情感抒发引起学生的共鸣，以情激情，引领学生进入情境之中，达到审美自失的状态，自然忘却自我，沉浸其中，深刻体会别里科夫战战兢兢、恐惧紧张的心理状态，深层体验其生存困境，惴惴不安的口头禅显示内心的脆弱与敏感以及噤若寒蝉的呼吸，对其灵魂最深处的疼痛与震颤产生心灵深处的悲悯。此刻，在学生心目中，别里科夫不再是一个单纯的标签，而是实现了一次生命体验的认识飞跃。

马老师借助以情激情，在生命个体生存状态下体验小人物的生命状态，完成了"可怜的牺牲品"这一指向与解读。这一环节的可贵之处就在于这种情境设置，换位思考，以情激情，体验激活，引发了学生对生命状态、生命本真的关注，触动了学生灵魂深处的尊严感、价值感以及生命本能的力量。

罗曼·罗兰说："从来没有人为了读书而读书，只有在书中读自己，在书中发现自己，或检查自己。"在体验中观照生命状态，消除内心的障蔽，直面惨淡的人生，仰视灵魂深处应有的尊严，才能超越生命的平庸。

四、在反思创作意图中提升

在反思创作意图中提升审美境界，以问题反思激活思维，以深情呼吁提升境界、升华情感。

"反思套中人"一环，教师引导学生思考契诃夫塑造别里科夫这样一个具有多重性的形象用意何在？在学生明确批判、揭露、推翻改变的基础上，因势利导，引发学生探究思考"我们"是一类什么样的人？"我们"是有思想的、极其正派的，受过屠格涅夫和谢德林的教育，为什么却屈服、容忍别里科夫的存在，问题出在哪里？

这样，教师引领学生反思作者创作用意，不断拓展，探究根源，发现时弊，不断深化理解，"思想的问题、人性的软弱、社会的问题"这些根源的东西就呈现在我们眼前。

然后借助补充删节，步步深入：我们依然生活在套子里，引用契诃夫的创作名言，提出希望。"投影契诃夫照片"一环，则是形象点化，以情激情，升华情感，深情呼吁，表达期盼。

相对于大部分教师对"作者创作意图反思"环节的草草收兵，马老师的处理可谓一波三折，步步深入，借助矛盾纠结、问题思考、引入名言、投影作者照片等各种不同的方式，让学生的思维来一次深入的"滑翔"，这样就避免了浅尝辄止，而是深层次地告诉学生：

作者的笔触不仅指向了别里科夫，还指向了在当时的专制统治下所有选择了沉默和屈服的人。契诃夫希望借自己的作品，借对套中人以及这个社会的批判和反思来唤醒整个病态的社会。他的视野穿透茫茫的历史星空，不仅批判沙皇统治，而且关注整个人类社会的命运，其深沉的历史忧思感在文学的星空熠熠生辉。

正因为借助反思创作意图，以问题反思激活思维，所以提升了境界，升华了情感。

五、在反复激活中"师生共生"

纵观这一课例，我们可以认为它是阅读教学中师生共生的典型例子。何为师生共生？黄厚江老师有明确的解读：

阅读教学的本质就是教师带着学生一起阅读文本，让学生在阅读过程中学会阅读。教师怎么让学生学会阅读呢？不是靠阅读结论的传递，不是靠告诉式的文本讲解，不是靠各种资料的照搬，也不是靠阅读方法和秘籍的传授，而是教师自己首先对文本有比较透彻的阅读，在阅读中形成自己的感受和体验，形成自己的思考和见解，然后用自己的阅读感受和体验激活学生的阅读感受和体验，用自己的思考和见解激活学生的思考和见解，师生互相交流、互相碰撞、互相激活、互相丰富，形成活的阅读教学。在这样的活的阅读过程中培养学生的阅读能力，让学生学会阅读。

这种课型的操作要领在于教师自己的读，把文本读"活"，读出"我"来，并把自己读出来的东西变成教学内容，整合、设计为具体的可操作的教学活动。

本课教学存在一定难度：一是文章篇幅较长；二是这篇文章反映的是19世纪末俄国社会的现状，和学生有着较大的时空距离，文本理解难度较大。而马月亮老师却能读"活"文本，读出自我，把自己的感悟整合、设计为可操作的教学活动，找到能激发学生阅读兴趣的切入点，激活思维与课堂，引领学生深层解读，深刻解读，打破阻隔，破除障蔽，在文本中走了一个又一个来回，把体验一步步推向思想的极致，掀起一个个课堂的高潮，实现了师生教学的共生。

一堂好课的标准是，引领学生激情盎然地走进文本，深刻地体会文本，在此基础上，深层次了解文章的意蕴主旨和内涵，物化为一，物我合一；当学生走出文本的时候，应该是韵味犹在，并且能激发其内在的无限的对文本的向往和探求力量，从而无数次地重新走进文本，沉浸其中，汲取营养，提升自己的思想，净化自己的灵魂，指引自己的人生航程。这正是一堂好课的魅力所在。

马老师的课基本达到了以上标准：课堂在层层探究中生成，在矛盾纠结处思辨，在个体自然生存状态下还原，在反思创作意图中提升审美境界。各个环节均以学生的心灵体验为关注点，在多次体验中，解读文本，多角度剖析性格，思考作者匠心独运之处，对人类积习进行刮骨疗毒般的剖析，也定能引领学生在未来的时光河流中频频回首，不断走进这一名篇，汲取人生滋养，引航自己的人生。

我们会为课堂教学中文本解读的程式化、课堂流程的呆板，学生主体的虚假、教师主体的失落而愤懑；也会为格式化的教学、时尚化的消遣阅读而痛苦。而马老师的这堂课就做了大胆的尝试，它告诉我们，关注语言，激活思维，引发学生内心的激荡，走进人物心灵，让人物灵魂与我们心中的思索融为一体，才能真正深刻地解读文本，让课堂在激活和体验中智慧地生成。

参考文献

［1］黄厚江.语文课堂寻真——从原点走向共生［M］.上海：华东师范大学出版社，2016.

［2］潘新和.新课程语文教学论［M］.北京：人民教育出版社，2005.

［3］孙绍振.名作细读——微观分析个案研究［M］.上海：上海教育出版社，2009.

第三篇

借光写情见风流

——写作教学案例

汲取素材，铸就华章

一、训练目的

学会汲取新素材，解决高考中使用素材陈旧单一的问题。

二、重点、难点

1. 重点：创造性地使用素材。

2. 难点：掌握写作中必备的方法。

三、训练过程

板块一：素材推荐

【素材点击一】葛芮：放弃美国高薪工作，回国守护生灵

葛芮，1984年从北京广播学院毕业后，加入央视国际频道，后赴美国深造，并在犹他州电视台担任编导。然而，1996年，在赴中国拍摄取胆黑熊被解救的现场时，她突然决定放弃在美国12年的安逸生活，放弃高薪工作，远离已移民美国的父母和美国丈夫，回归祖国，加入IFAW（国际爱护动物基金会）在中国的工作。从此，她走上了为动物奔走呼吁的职业道路。

在葛芮的带领下，IFAW中国办公室开展了守护藏羚羊、守护斑海豹、保护野生象、拯救空中王者——猛禽、拒绝象牙制品等各种动物保护工作，同中国政府有关部门进行合作，完善动物保护政策，加强中国与国际社会的合作，以及国内和国际野生动物保护立法与执法。

葛芮说过：

这是救命的、传播爱的工作，通过救助动物来改变人的态度和行为。动

物得到了再生，人的灵魂也可能得以挽救。

的确，人类是万物之灵。但是，这并没有给予人类践踏和鄙视地球上其他物种的特权。相反，人类应该去善意地对待和爱护其他的一切生灵！这，关乎人类的道德。

【素材点击二】帆船帆板赛场产生"最美选手"，为救对手川妹子马娇弃赛

2013年9月3日，在大连瓦房店举行的女子帆板RS：X级比赛中，辽宁队队员郝秀梅由于风急浪涌、心情紧张，操作失误，不慎落水，浪涛瞬间将帆板拖至百米开外。郝秀梅奋力追赶帆板，由于体力下降，她的生命受到了威胁。此时，在她附近的四川队队员马娇奋不顾身冲入激流，对郝秀梅实施营救。在马娇的全力帮助下，郝秀梅脱离了危险，但马娇没有完成比赛。

马娇弃赛救人的事迹赢得了一片赞誉。马娇在关键时刻体现了一名优秀帆板运动员的道德素养，反映出一名优秀运动员理应具备的良好品质，更折射出中国体育应有的正能量。帆船帆板比赛仲裁委员会当天做出裁定，按照此前几轮的平均成绩给马娇计分。

四方声音：

这种光辉行为传递的正能量，将远远超越一两块金牌、一两项世界纪录。这才是体育的真谛。

——新华社记者蔡拥军、公兵

满满的正能量，一方奋不顾身，一边知恩图报。十二运瓦房店帆船帆板赛场，满满的正能量。十二运的正面声音来了。马娇了不起！

——《北京晚报》记者李远飞

风浪意味着速度，速度意味着胜利！但有一种情况能让我们掉转船头，那就是有人落水，哪怕他是我们的对手！

——新浪"宣武大昕"微博

四川马娇姑娘获得一块人心所向的金牌，辽宁人向你致敬了。

——辽宁网友

【素材点击三】文字保卫战

据媒体报道，在中央电视台科学·教育频道推出的"中国汉字听写大会"节目中，只有30%的成人体验团写对了"癞蛤蟆"一词，而"熨帖"一

词的正确率只有可怜的10%。一个电视特别节目成了一道让当代中国人尴尬与汗颜的"公众考题"，许多人不禁感叹"汉字的危机来了"！

由于数码产品的快速普及和信息网络的日益发达，人们不需要手写汉字，就能轻松自如地学习、工作和生活。长此以往，在"用进废退"的自然法则之下，人们越来越不会手写汉字了。

提笔忘字的普遍现象，被称为数码时代的全民"失写症"。随着科学技术的进一步发展，数码会更全面、更深入地影响我们，今后手写汉字的需要将越来越少。也就是说，全民汉字"失写症"会在不远的将来成为一种常态。

那么，我们应该如何应对这种"失写症"呢？以下是网友的评论。

网友一：应该继续强化小学阶段的汉字手写教学，包括传统书法文化教学；打造更多更优秀的"中国汉字听写大会"节目，引发全民对汉字"失写"的关注，激发全民对手写汉字的热爱。

网友二：我们要纠正麻木的汉字敬畏感。让热爱汉字成为一种生活习惯、文化快乐，成为一种常态化的文化习惯，让我们每个人都成为"汉字保卫战"的忠实斗士。

网友三：汉字是中华文化的骄傲。只要我们静下心来，多品味汉字的间架结构，什么话也不用说，就会有一种无法言说的安静气息抵达内心，汉字的传统美、均衡美、宁静美、恬静美，总能给我们带来精神安静和愉悦。

一分钟讨论：这三则素材，哪一个让你印象最深刻？

板块二：当堂训练——汲取素材铸华章

1. 明确任务：

第一，回顾三则素材，把握素材的实质。

第二，从三则素材中选取一个，并思考这则素材可以论证的观点。

第三，根据这则素材可以论证的观点，拟定标题，写一段话。

要求：观点鲜明，不少于200字。

2. 作品展示：

略。

板块三：技法导航——方法借鉴

我的方法小结：

板块四：化茧成蝶——精心修改，写进步文章

根据我们总结的方法，对自己写的文章片段进行修改。

学会分析，强化论证

一、训练目标

1. 明确议论文常用的论证方法，熟练掌握必备的技巧。

2. 运用议论文分析说理方法，进行写作训练，写出有力度的、深刻的论证语段。

二、训练过程

（一）温馨提示——阅卷老师的话

多数学生立意较好，结构完整，字数符合要求，但是思路不开阔，行文缺乏层次感，内容空阔，议论肤浅，不会分析。

不少文章学生腔太浓，没有从社会生活中找到有价值的话题，通篇写的是"正确的废话"，既没有深刻的分析，也没有解决问题的办法，更看不出社会责任感、青年的使命感。

（二）借鉴学习——学习论证方法

1. 实例剖析法。

（1）出示优秀片段，思考其优秀之处。

社会不改变，现实太黑暗，并不是恶的肆虐，而是因为"言者乏力，行者不行"。看看吧，你我周围，"不作为"的人还少吗？他们简直就像深海中的游鱼，沉默得不发出一丝声音，宁愿生活在重压之下漆黑的水底，也不愿突破水体去拥抱太阳。于是他们钝化，于是他们麻木，于是他们试图逃避清醒，借以逃避自己的良心。

当越来越多的人持有一种观望的态度，保持一种等待的姿态，而不愿行在当下，可以想象，我们将置身一片木偶人的汪洋。

我要行动，就在此时，就在此刻，就在此地，就是此身！

—— 一模优秀作文《行在当下》

（2）学生思考回答。

（3）师生共结：实例剖析法——点明实质，切中要害。

摆出不好的现象，分析其危害，挖掘其产生的社会根源，指出解决问题的方法，即摆现象——析危害——挖根源——指办法。

2.正反对比法。

（1）出示优秀片段，思考其优秀之处。

有时担当是一种对国家和民族的责任。纵观整个历史长河，从岳飞抗金、精忠报国到文天祥"留取丹心照汗青"，到戚继光力抗倭寇，再到近代无数革命志士投身于中国革命事业，无疑都体现了一种担当，一种对国家和民族的担当。相反，有些人却选择退却，如终日做着"君王梦"的袁世凯，一登上大位，就将对百姓的承诺和百姓托付给他的重任都抛到九霄云外；陈水扁又何尝不是如此，他那颗贪婪的毫无责任感的心不仅没有担起重任，还将台湾搞得乌烟瘴气。

—— 一模优秀作文《担当是一种美德》

在我眼里，崇尚逍遥的庄子不算行者。他就算不是时代的懦夫，起码也是个行动上的矮子。从文学或哲学的角度看，庄子当然丰盈博大无匹；但从人、从社会的角度看，庄子并不令人满意——他缺乏行者的气度，仿佛一开始就准备飞升，所以并不打算改变世间。这尤其令我感到悲哀，也令我感到愤怒。

我欣赏孔子那种面对人生所有困顿与挫折，仍然能笑着说出"虽千万人吾往矣"的孤勇与果决，哪怕"困于蔡"，哪怕"累累若丧家之犬"，只要还呼一口气，只要尚余一磅肉，我就要行动。这正如罗曼·罗兰所言的"行动上的高贵"！

—— 一模优秀作文《行者无疆》

（2）学生思考回答。

（3）师生共结：正反对比法——正面事例+反面事例，正反对比，强化气势，增强论证的深刻度。

3. 名言引用法。

（1）出示优秀片段，思考其优秀之处。

但丁曾说："如果你受苦了，感谢上帝，因为这是最真的感受；如果你受苦了，感谢上帝，因为你还活着。"是啊，苦难才是人生的垫脚石，克服你对困难的恐惧，为了心中的渴望而奋斗！曹雪芹渴望黑暗散去，光明到来，于是"批阅十载，增删五次"，终成《红楼梦》千古流传；嵇康渴望远离官场，一生平凡，于是不惜顶撞权势，含冤而死，终能摆脱世事纷繁，超然洒脱；陶渊明渴望田园的恬淡自然，于是告别富贵权力，最终自得其乐，放浪一生。他们都有着最平凡的渴望，却能将它们付诸非凡的行动，纵使道路艰难。为了心中的渴望勇敢站出来吧！这是你实现此生无悔于本心的阶梯！

—— 一模优秀作文《将渴望付诸行动》

（2）学生思考回答。

（3）师生共结：①事例+正如×××所说："……"；②先声夺人+具体分析+扣题点题；③点题句子+名言+解析。引用名言，增强语言的理性思辨力度，让文章深刻。

4. 点面结合法。

（1）出示优秀片段，思考其优秀之处。

当我们回首历史，我们必须承认：中国的历史与文明是由一代代的行者成就的。从尝百草医天下的神农，周游列国传道践业的孔丘，出使西域的张骞，跋山涉水探索地理的徐霞客，到近代风云中为变法甘愿牺牲，甚至疾呼"死得其所，快哉快哉"的谭嗣同，他们以自己的口、脚、手、思想，在神州大地上书写了大大的"行者"二字，光彩夺目，与日月同光。

—— 一模优秀作文《行在当下》

（2）学生思考回答。

（3）师生共结：点面结合，横向拓展，汪洋恣肆。

点——具体事例的详尽分析、论证。

面——多个事例的拓展分析。

点面结合，强化论证的力度，显示作者的渊博知识和文学功底。

（三）论证说理方式小结

略。

（四）实战演练

读下面的名言，根据自己的联想和感悟，写一段不少于200字的话。合理运用适当的论证方法。

行动，只有行动，才能决定价值。

——约翰·菲希特

我们生活在行动中，而不是生活在岁月里；我们生活在思想中，而不是生活在呼吸里。

——菲·贝利

（五）交流与展示

1. 小组交流，选出优秀的作品。

2. 每小组推荐一名同学朗读自己的作品，其他同学做出评价。（注意：交流中要找出优点，加以借鉴，并明确不足，准备改进。小组长汇总后，认真填写讨论成果表。）

借"光"写情，无限风流

一、学习目标

1.掌握借"光"写情的手法，把细节描写落到实处。

2.写好亲情作文，提升写作水平。

二、导入

因为光的存在，这个世界才如此绚丽多彩。泪光是喜怒哀乐的凝结，月光是悠远乡思的寄托，阳光是光明希望的种子，灯光是温馨港湾的象征。我们发现，一缕微弱的光，却能饱含深情无限。今天，我们就来学习细节描写之"借'光'写情"。

下面我们来欣赏一段音乐。画出学案上最令你感动的句子，说说为什么。

三、初体验《烛光里的妈妈》

妈妈　我想对您说

话到嘴边又咽下

妈妈　我想对您笑

眼里却点点泪花

噢妈妈　烛光里的妈妈

您的黑发泛起了霜花

噢妈妈　烛光里的妈妈

您的脸颊印着这多牵挂

噢妈妈　烛光里的妈妈

您的腰身倦得不再挺拔

噢妈妈　烛光里的妈妈

您的眼睛为何失去了光华

妈妈呀　女儿已长大

不愿意牵着您的衣襟

走过春秋冬夏

噢妈妈　相信我

女儿自有女儿的报答

画出最令你感动的歌词，并说说为什么。

其实这些句子都是对母亲的什么描写？对外貌的细节描写，而且是在什么场景下？烛光！其实，这就是借"光"写情。（出示PPT）老师给它做了个定位、定义。

定位：细节描写。在写作中，把对表现人物和情节有特殊作用的语言、动作、表情、物件、景色等环节进行准确、细致、生动的描写，使读者"如见其人""如睹其物""如临其境"。

定义：借"光"写情属于细节描写的一个切入点，这里的光可以是月光、阳光、泪光等一切有光泽的事物，重点渲染光的场景及写准光泽映照下的细节，从而达到借一缕微光传浓浓亲情的效果。

四、范例引路

下面看几个优秀的例子。

1. 当我"啪"的一声打开卫生间的灯时，只见洗漱台上有一个用毛巾围得严实的物体，从底下渗出的小水珠可看出，这是个装满热水的容器。不错，是烧水的水壶！我小心地拿下裹在壶身上的毛巾，温温的，拿在手里的一瞬间，整个冰凉的身体瞬间解冻，内心不禁泛起一阵感动。更让我模糊了视线的是拿下壶口上牙杯的一瞬间，那是妈妈的牙杯，杯子里面缭绕着雾气，一拿起，水雾便凝结成小水珠从内壁滑落，滴在台面上，溅开了一朵朵小花。（灯光+场景细节）

2. 奶奶的中指用着力，整只手也跟着微微颤动。每顶过一针，奶奶就麻利地抽紧棉线，伴着"嗤嗤"的声响，抽带出的尘埃也在灯光下有节奏地跳跃，屋子里弥漫着棉布干净清洁的味道。（灯光+场景细节）

3. 借着昏黄的壁灯，我看见了母亲眼中充斥的血丝，眼皮下盈漫着一层青色。

夜，更深了。（灯光+肖像细节）

4. 柔和的月光洒落在路面上，一处处小水洼反射着亮亮的光芒，闪闪的。忽地，一丝银发跳跃在月光下，我惊了，伴随着我的成长，父亲也一天天变老。（月光+肖像细节）

5. 母亲的眼角闪耀着晶莹的泪珠，我轻轻地用手帮她拭去，轻轻地关上门，我在房间的一隅哭泣。（泪光）

6. 雨水不停地滴到伞面又滑了下来，溅在地上，汇成波纹。我撑伞走在长长的路上，母亲走得极慢，一步踏出一朵水花，溅起的水珠打在腿上，将伞轻偏，自己的肩膀湿了一片。

一把伞，两个人。为使她安全，我便自己来撑伞，就像小时候，也像那个雨天。（水珠+场景细节）

五、技法指导

1. 写准光泽下的人物表情（场景+表情）。

2. 与适当的动作、语言、肖像、心理相结合。

3. 与"我"的感受相吻合，以感受来强化人物品质。

六、想一想，写一写

利用借"光"写情的手法，结合自己的经历写一段亲情片段。

七、评一评，改一改

略。

精雕细刻，文采飞扬

一、训练目标

了解提升文采的有效途径，通过片段训练，增加文章文采。

二、训练重难点

借鉴必要的技巧，学以致用。

三、训练过程

（一）考纲解读

言之无文，行而不远。"有文采"，能够显示文化功底和写作才气，从而赢得阅卷教师的喝彩。考试大纲"发展等级"中对"有文采"一项的要求是：用词贴切，句式灵活，善于运用修辞手法，文句有表现力。为此，我们要精雕细刻，使文章文采飞扬。

（二）技法导航

1.锤炼词语，力求生动。

写作时要锤炼词语，从几个可用的词语中选出最恰当、最准确、最生动的那一个，这样才能使语言简明精练，含蓄隽永。

请看下面的文段：

朝阳洒下一地金黄，我听到先生惊喜的叫声，只见他跪在水田里，正环着稻苗和周围的空气，用下巴去触那茸茸的稻草。我的眼睛湿润了，他的脊背已不如稻秆挺拔，两鬓也没有稻穗浓密，但他在呐喊，等到了啊……

——2015年北京高考作文《假如我与心中的英雄生活一天》

以上文段，不仅精当地使用了"洒""跪""环""触"等动词，更重要的是突出了稻香迷人的氛围，强化了我们心中的英雄痴迷稻田、献身丰稻事业的情感。有声响，有色调，有情感，有作者心灵深处的感动，文段虽短，却生动形象，非常感人。

再看下面的文段：

悠悠的香气穿越千年，刻入我的骨髓。袅袅的香气勾起我一片痴心，让我找到了精神的家园。

——2015年北京高考作文《深入灵魂的热爱》

"穿越""刻""勾"，动词使用生动、形象；"悠悠""袅袅"，叠音词的使用，增强了音韵之美；"骨髓""痴心"，照应标题中的"灵魂"，用词精练，富有神韵。

2. 善用修辞，形象鲜明。

充分运用各种修辞手法，是增加文采、提高文章品位的重要手段。修辞方法使用得恰当，能使语言更准确、贴切、连贯，生动地达意传情，使读者明白、理解，引起共鸣，受到感动。

修辞是语言艺术之花。修辞手法运用得好，能使文章充满灵性，气韵流畅，形象鲜明，精彩纷呈。

如：

时间如同恺撒大帝的绸衣，细腻轻柔，又似波浪中的细沙，轻盈细软，在指尖悄然滑落，不着痕迹，了无声息地改变着许许多多。

——2014年辽宁高考作文《"变"与"不变"的辩证法》

两个形象生动的比喻句子，化抽象为具体，变枯燥为生机，使苍白的文字披上绚丽的色彩。

再如：

于己为善，修身养性；与人为善，默契友爱；与自然为善，和谐共赢。轻轻卷起善的珠帘，清越之音划过心扉，一阵澄澈倾泻。

——2014年重庆高考满分作文《卷起善的珠帘》

排比句式加上精当的比喻，创造了美好的意境，形象鲜明，引人遐思。

3. 句式灵活，错落有致。

文言句式典雅，口语泼辣；长句周详缜密，短句简洁明快；独词句鲜明突出，感叹句便于抒情；设问句、反问句加重强调，引人深思，排比句、叠句气势磅礴；对偶句铿锵凝练，重复句余韵悠然。多种句式综合运用，各得其所，语言就会生动活泼，抑扬顿挫，波澜起伏，摇曳多姿。

如：

路边，树木葱葱，苍翠欲滴；天空，小鸟啾啾，东飞西舞；谷底，小溪潺潺，游鱼可见。处处散发着乡村特有的迷人的气息。在我眼里，家乡是一个美的集合：家乡的山总是那么苍翠、怡人，家乡的人总是那么质朴、善良……

——2014年湖南高考满分作文《贫血的家乡》

这一文段骈散结合，意境优美，抑扬顿挫，朗朗上口，表达了对家乡的热爱之情。

再如：

他人之言，姑且听之，如过耳碎语，择而舍之。欲展鹏程之动，观宇宙之大，何恐他人语危；欲渡沧海之水，觅佛家真言，何惧他人言贫；欲登泰山之巅，览云海茫茫，何从他人言否。人若言，何患无辞；尔若信，何愁无功。

——2014年湖北高考满分作文《障目之言不可信》

这一文段采用文言形式来表达，语言一气呵成，顺畅自热，精练典雅，表达了不要轻易相信别人的观点。

4.巧妙引用，典雅隽永。

引用古诗文，可增添文学底蕴；引用或化用名言，可使文章意蕴深刻；历史典故，可以显示智慧的力量。在作文中，恰当地引用名言警句、口语俗语、优美清新的歌词、诗词佳句，可提高文章的品位，增添文学情趣，增加文采。

如：

竹子长得太美了，多少丹青画师、文人墨客为之倾倒。"竹外桃花三两枝，春江水暖鸭先知""竹喧归浣女，莲动下渔舟""独坐幽篁里，弹琴复长啸"，这是多么唯美的画面！辛弃疾的"一松一竹真朋友，山鸟山花好弟兄"，郑板桥的"举世爱栽花，老夫只栽竹"，苏东坡的"宁可食无肉，不可居无竹"，这是多么倾心的热恋！我愿意像古人一样，与竹子交朋友，和竹子做知己。

——2015年北京高考作文《深入灵魂的热爱》

上文引用的句子，我们非常熟悉，关键在于引用得巧妙。前几个句子组成的是唯美的画面，后几个句子表达的是辛弃疾、郑板桥、苏东坡对竹子的倾心热恋。这种引用水到渠成，典雅隽永，既紧扣了文章标题，又凸显了"深入灵魂的热爱"这一主旨。

再看下面的语段：

种豆三亩，粟倍之。树梅花干，桃杏居其半。芋一区，薤、韭各百本。引水为池，种鱼千余头。结茅庐三间。自题为"梅花屋"，自号"梅花屋主"。绘画之余，便于梅花下面弹琴复长啸。又自造一叶小舟名之为"浮萍轩"，闲来荡波湖上。虽有受穷挨冻之时，全然不以为意。他博得了后代无数读书人的推崇，即使愤世嫉俗、眼高于顶的吴敬梓，也对他叹服不已，在《儒林外史》开篇就隆重推出，如一轮明镜，越发照出当世那些蝇营苟且之辈的丑态。

——《最文摘》2013年第4期《王冕之意趣》

这一段文字的巧妙之处在于，恰当引用，文言入篇，巧借他人评价来绘制佳篇，从而使文段超新脱俗，典雅精辟，意蕴深刻。

当然也可以化用诗词名句、格言入文，让文章呈现独特的魅力。

5.增强意蕴，追求哲理。

"有意蕴"主要是指在叙事、抒情、议论一类的文章中，语言不直白，不浅露，言简意赅，内涵丰富，含不尽之意于言外，让读者有咀嚼、回味的余地。精心打造意蕴深厚、富有哲理的句子，能启迪人思考，给人以教益。

请看下面的片段：

智慧是有境界差别的，不是解决哥德巴赫猜想难题，也不是为了整个族类的利益，仅仅是为自己活命而伪装成绿叶或木棍，这只是小智慧，谈不上境界。但是，在充满凶险的世界里，许多庞然大物正觊觎自己，随时可能成为别人的美味，在这样的社情下，充分利用自身的条件去麻痹对手，躲过劫难，保存自己，却是值得称道的，至少比那些利用技巧损人利己、巧取豪夺要正当得多。

——2015年江苏高考作文《虫子的智慧》

以上语段，借助辩证思维，言虫子的智慧只是小智慧，不是大境界；而后从社会环境方面谈其存在的合理性；最后递进强调，抨击时弊。言有尽而意无穷，给读者以深刻的启迪。

语言运用得好，才能赋予文章以形象性、鲜明性和生动性。精雕细刻，精心锤炼，定能使文章文采飞扬！

四、实战演练

（一）写作训练

请从下面两个词语中任选一个作为主题词，借鉴以上方法中的一个或几个，写一段有文采的话，不少于200字。

①记忆；　②生命

（二）交流与展示

1. 小组交流，选出优秀的作品。

2. 每小组推荐一名同学朗读自己的作品，其他同学做出评价。

（注意：交流中要找出优点，加以借鉴，并明确不足，准备改进。小组长汇总后，认真填写讨论成果表。）

五、温馨提示

1. 避免盲目套作。

2. 避免不知所云的所谓文采。

铺排事例，摇曳生姿

一、训练目标

1. 通过训练，明确铺排事例的注意事项，把握铺排事例的技巧。

2. 熟练运用事例，写出富有思维含量的铺排事例片段，打造点面结合的优秀文章。

二、训练重难点

把握铺排事例的技巧，写出富有思维含量的铺排事例片段。

三、训练过程

（一）概念阐释

铺排事例，即用三个或三个以上的例子排比并举的形式证明语段观点，事例的文字简约，句式整齐，点到为止。铺排事例，能使材料丰富，文采斐然。

运用铺排事例需注意三个问题：

一是铺排事例一定要有内容上的某种相关性，这是铺排事例的基础，如果事例间缺乏这种相关性，就不能集中运用。

二是在分述事例时，尽可能保持语言句式的相似，从而形成排比，彰显气势与文采。

三是使用时，注意适当扣题、点题，并与精当分析相结合。

（二）病例诊断

小时的韩信，没人会想到有一天他会率百万雄师，成为真正的一人之下、万人之上的大将军；小时的爱因斯坦，没人会想到有一天他会创立相对论，成为物理学界真正的巨人；小时的达·芬奇，没人会想到有一天他会成为一个全才，一个集数学、绘画、雕刻于一身的震惊世界的全才……小时的他们并不出众，甚至有些愚笨。为什么他们能收获成功，因为他们有一颗真正强大的心。（主题：只有自己强大才有分量）

材料：风可以吹起一张大大的白纸，却无法吹走一只小小的蝴蝶……

【问题】

只摆事实，不讲道理，不善分析，甚至形成了"观点+例子"的模式。这就使论据与论点两层皮，毫无说服力可言。

【修改示例】

（只有大胆追求，不断强大才不会被风吹走。）胸怀大志的韩信，在遭人鄙视、胯下受辱的困境中，不曾迷失他统率百万雄师的追求，泯灭他一雪耻辱的雄心；爱因斯坦在18世纪牛顿的微粒说风行、19世纪波动说占绝对优势的大潮中，大胆怀疑，坚持了自己狭义相对论的思考；达·芬奇在15世纪艺术追求线条分明的传统中，以逆光夕照的色调表达着他的艺术探索……当"风"来时，正因为他们执着于自己的思想，用强大的内心顶"风"坚定前行，所以才造就了统兵百万的奇才、开创物理学新纪元的巨人、文艺复兴的三杰之一。

（三）技巧点拨

1. 假设铺排。

唯有在怀着容误之心的前提下，对失误进行引导和规正，才能终成大美之格局。倘若先达亦如漫画中的母亲，对宋濂的失误毫无包容之心，宋濂又怎能在一步一步的完善中终成大儒？管夷吾举于士时，若无鲍叔牙对其之前过错的容纳与规劝，他又怎能在东周列国的舞台上崭露头角，成就千秋英名？"鄙贱之人，不知将军宽之至此也"，负荆请罪的廉颇千古流芳，若无蔺相如之容误，又怎会有赵国文武双全的王者格局？

古往今来，身清如玉、毫无瑕斑的完人少之又少，更多的是那在容误之心与规劝之言下抬头向前，于温暖和宽厚中成就大美格局的"非满分学生"。

——2016年湖北高考作文《怀容误之心，成大美格局》

【分析】运用了假设句来形成铺排的事例，倘若……，又……

2. 条件铺排。

勤学苦练是成功的必要条件。有勤，才有了孔子"韦编三绝"的佳话，也才有了世界十大文化名人之一的美誉；有勤，才有了祖逖"闻鸡起舞"的美谈，也才有了雄才大展、北伐报国的伟业；有勤，才有了张海迪"当代保尔"的称号，也才有了"通五经、贯六艺"的当代青年学习的楷模。我国伟大的数学家华罗庚曾慨叹道："勤能补拙是良训，一分辛苦一分才！"由此可见，碌碌无为与大有作为之间差的不就是一个"勤"吗？勤，犹如一架彩桥，把人们从无知引向有知，从有知引向有才，从有才引向有为。

【分析】运用了条件句来形成铺排的事例，有……，才有了……，也才有了……

3.对称、对比铺排。

"兼听则明，偏听则暗"，这已是被无数古今事实证明了的真理。邹忌直言讽谏，齐王悬赏纳谏，齐国得以强盛；王平诚心忠告，马谡固执己见，街亭终致失守；唐太宗任用魏徵，开言路、纳直谏，得有贞观之治；朱元璋求教朱升，广积粮、缓称王，建立大明天下；李鼎铭的意见得到采纳，精兵简政，人民拥护；马寅初的理论遭到批判，人口激增、国家受害……这些事例，不都有力地说明了"从善如流"的重要吗？

【分析】运用了对称句或对比句来铺排事例，两两对偶，句式整饬，自然朗朗上口，摇曳生姿。

4.因果铺排。

事业是人生的不朽丰碑。人类的史册告诉我们：凡是留下英名的人，总是创造了永存的事业。孔子、司马迁、鲁迅之所以千秋万代传颂，是因为他们为民族文化宝库增添了财富；屈原、岳飞、郑成功之所以载入史册，是因为他们为中华民族留下了伟大的爱国情；李自成、洪秀全、孙中山之所以名垂千古，是因为他们推动了历史的前进；蔡伦、毕生、祖冲之所以永远为人民纪念，是因为他们贡献了自己的聪明才智。谁建树了对人类有益的事业，谁就筑起了一座人生的丰碑。

【分析】运用了因果句形成铺排语段，……之所以……，是因为……

（四）技巧小结

利用因果论证、假设论证、条件论证、转折论证等多种方法分析材料进行说理，会使文章更有说服力。论证常用的句式有"之所以……是因为……""正因为……所以……"（因果论证法）；"假如……那么……"（假设论证法）；"只有……才……"（条件论证法）；"……却……"（转折论证法）。

（五）训练达标

请从以下两个话题中选择一个，选择合适的铺排方式，运用精当的关联词语，写一段话，100字左右。

1. 凡事预则立。

2. 不为外物所累。

（六）思维拓展

1. 紧扣主题，强化分析。

2. 把握逻辑，增强气势。

3. 文学语言，口齿生津。

"海纳百川，有容乃大。"人在犯错之时，更能体会到鼓励的弥足珍贵。正因母校满怀爱心的鼓励，纳什的美丽心灵得以释放，才有了数学天地的纵横驰骋和诺奖的垂青；正因音乐前辈的鼓励，音乐鬼才谭盾凭一架"三弦琴"勇闯乐坛，震撼心灵的旋律尽情流泻，才有了使他声名远播的奥斯卡最佳原创音乐金像奖；正因清华的宽容与鼓励，才有了音乐诗人李健的峰回路转，他在金色麦浪中低吟浅唱，将生活过成诗一般的美丽……"爱在左，同情在右，走在生命路的两旁，随时播种，随时开花，将这一径长途点缀得香花弥漫，使穿枝拂叶的人，踏着荆棘，不觉得痛苦；有泪可挥，不觉悲凉。"诚如冰心所言，鼓励才能发展，表扬才可进步。

——2016年河北满分作文《鼓励方可发展》

【佳作链接】

世界为立心者鼓掌

四川一考生

张横渠说："为天地立心，为生民立命。"禅宗里有立在菩提树下之说，孔夫子有让三千弟子立身修德的记录，苏武有持旄节立于北海之上的历史。我总是在想，人立在这个世上，当以何种姿态面对这个世界。叩经问史，朝山谒水，回答的声音说：世界属于站着的人，世界为立心者鼓掌。

（巧妙引用，起笔不凡；排比句式，字落千钧。自然流畅地引出观点：世界为立心者鼓掌。）

立心，立的是一颗饱受苦难却坚强的心。

摩西与他的子民受尽苦难坚定站起来走出埃及时，耶和华白天以云柱夜晚以火柱指引他们抵达乐土时，我始终相信世界上是存在那样纯洁自若的光的。因为妄念虽如脱缰，灾难又常接踵，而世界上的光明如约而至。这期间是心生希望，心有坚强，心已立了起来的力量。

史公在牢狱，屈子被放逐，勾践卧薪尝胆，嗣同在抗诉，鲁迅在呐喊，觉民在与妻书，马丁·路德·金在演讲，甘地在印度救赎，特雷莎嬷嬷在炮火里施与爱与恩赐。

（丰富的材料犹如诗歌密集的意象，让人叹服考生厚积薄发的功力，旁征博引的智慧。）

这些人在路阻且长时，站起来怀着殒身之志；在天命赫赫时，站起来心生坚强与希望；在众人无助时，将小情怀染成了大悲悯。他们立了心，世界为之鼓掌。

（巧用排比，强化气势，丰富"立心"之内涵。）

立心，立的是一颗举世混浊却清纯的心。

在这不断被分心的社会大剧场里，辛辣奇突如电影般唰唰掠过。却使人总记起川端康成凌晨四点海棠花未眠，加缪垒山不止的幸福，梭罗在瓦尔登湖垂钓，仓央嘉措白鹿踏雪的淡然，汪曾祺的花花瓶瓶罐罐，周国平的煮豆撒盐给人吃之，莎翁的飞鸽与海涛相遇，爱默生透明的眼球譬喻，苏子的一蓑烟雨，王维的清泉石上流。

（精心选取典型事例来论证分论点，意象鲜明；撷取名人的诗句或生活典故，巧妙地化用，灵活地搭配，组成令人遐思的优美意境，让人心醉，令人心驰神往。不着痕迹地铺排事例。）

这些人即使在缤纷花瓣过时，依旧掸衣故清辉，如清露晨流，新桐初引；即使在乱世纷纭中，依旧立着清朗的心，如明月松间，菩提微暖；即使在举世混浊时，依旧立着修禅之心，如阳光清风，和光同尘。

（整散句式的交错使用，朗朗上口，比喻灵活穿插，排比句式增强气势，使文段摇曳多姿，五彩缤纷。）

他们立了心，世界为之鼓掌。

立心之高洁，得世之清欢。

梁漱溟说："情贵淡，气贵和，惟淡惟和。乃得其养，苟得其养，无物不长。"清和也是立心之要义与必需。

（巧妙引用，言简意赅；精当总结，印证提升。）

立心，立的是一颗平平凡凡却高昂的心，清和之心。

千万人已过去，芸芸众生多为普通人。我们只需保持清和，亦可有长久的岁月；只需立着高昂的精神，亦可有光辉的人生；只需立着淡泊的心灵，世界也为之鼓掌。

（排比，强调条件，突出结果。）

是的，人立着，世界才属于他。

世界为立心者鼓掌，为先哲立心鼓掌，亦为凡人立心鼓掌。贵者肯掷通灵宝玉，贫者亦有自强之心。

世界为立心者鼓掌，为气节高尚守本心者鼓掌，也为油盐柴米守生活心者鼓掌。只有你立着心，才能站在世上。

世界为立心者鼓掌，为你，为我，为我们鼓掌。

［结尾三节从古至今，从高尚者到平凡者，从名人到芸芸众生，排比句式（段落），层层递进，突出世界为立心者鼓掌的主旨，言有尽而意无穷。］

【点评】本文是高考四川卷难得的一篇满分作文。文章论据不避经典素材，更不乏新颖独特的典型事例，可谓异彩纷呈，精彩无限；比喻排比的修辞，大量地引用，适当地化用，使文章文采飞扬。通读全文，让人倍感神清气爽，精神振奋。

创作文字漫画

漫画是指用简单而夸张的手法描绘生活或时事的图画。

漫画一般运用变形、比拟、象征的方法，构成幽默、诙谐的画面，以取得讽刺或歌颂的效果。漫画通常都是用画笔勾勒线条来进行创作的，但在语文课上，我们可以用文字来进行创作，很神奇吧？那究竟什么是文字漫画呢？创作文字漫画又有什么好处？文字漫画是指用文字代替笔来将画面描述出来的一段具有图画效果的文字。创作文字漫画可以培养我们的想象力和创造力，提高我们的审美品位。

那么，如何创作文字漫画呢？首先要写出主题词，再根据主题词想象出一幅漫画，然后用文字说明的形式将漫画表述出来。文字漫画的内容可以多种多样，可以涉及生活的方方面面，如环保、和平、减负、反腐倡廉等，使人们透过现象，明白其中蕴含的深刻道理。

创作文字漫画，需要注意以下三点。

1. 主题词设计要新颖独特、含义隽永。

主题词可以是一个句子，也可以是一个词语，能反映学习、生活中令人深思的现象。

2. 文字漫画要有创意，要与主题词内容相吻合。

文字漫画的内容切忌呆板、俗套、无新意。我们应借助日常观察积累，在深入思考和想象的基础上，把头脑中储存的形象进行加工，或把以往看到的一些漫画进行改造，从而创造出富有时代气息的文字漫画。尽可能地从多方面去思考、想象和创作，使创作出来的文字漫画新颖、有趣味，让读者阅读时情趣盎然，读后有收获。

文字漫画与主题词的内容要相吻合，不能出现矛盾或错位。有时，同一主题词，可以创作出一幅文字漫画，也可以创作出多幅文字漫画。

3. 文字表述要简明准确。

创作时文字不必多，点到为止，留给读者思考的余地。让读者在短短的文字中清楚地了解漫画的内容，认识其中蕴含的美与丑、善与恶，在获得启发和教育的同时，相应地提高审美认识。

下面是几名学生创作的文字漫画，我们一起来欣赏一下。如果你有兴趣，也可以根据它在纸上画出来。

第一幅

主题词：知识是人类进步的阶梯

漫画：一本本书依次叠加起来，形成一级级阶梯。底层有一个类人猿，提着一根木棒，拾级而上；中间有一个古人，身着古代服装，扛着铁制的劳动工具，也拾级而上；最高层有一个现代人，西装革履，正在操作一台电脑。

第二幅

主题词：成功来自勤奋

漫画：甲、乙两人都要从A地到B地。甲接受任务后匆匆赶路；乙开动脑筋，脑中出现一个小小的问号：成功？方法？等到甲气喘吁吁地赶到目的地时，发现乙在那里唱歌休息呢。甲的头脑出现了大大的"？"，张大嘴巴，惊叹道："啊！"

第三幅

主题词：按规矩办事

漫画：山林边，有一长颈瓶，瓶子里有一些水。一群乌鸦正忙碌地从附近衔来石子，一一放进瓶子里，一只大乌鸦有条不紊地指挥着。一只小乌鸦眼珠转了几转，转身向远处飞去。大乌鸦大声喊道："孩子，回来，按规矩办事！"一会儿，小乌鸦从远处衔回一根吸管，放进瓶子里，在乌鸦们惊奇的眼光中，悠闲自得地喝起水来。

第四幅

主题词：溺爱

漫画：雨天，夫妇两人各撑一把伞，他们都极力地把伞向儿子倾斜，雨水却从两伞之间流下来，正好淌在儿子的身上。

第五幅

主题词：如今，哪儿还有蓝天啊！

漫画：笼中一只洁白的鸟，仰望天空，这时一只全身乌黑的鸟从远处飞来。全身洁白的鸟羡慕地对全身乌黑的鸟说："鸟大哥，真羡慕你！能够在蓝天上自由自在地飞翔。"全身乌黑的鸟回答说："鸟老弟，如今，哪儿还有蓝天啊！"

远处，一家工厂的烟囱正呼呼地冒着黑烟。

第四篇

磅礴大气入文来

4

——写作理论探究

打造优秀作文，从拒绝开始

作文是心灵的声音，是作者对社会、对人生、对自我的审视关注，思考与表达。当今高考作文出现了套作、仿拟，更为严重的是无病呻吟、虚伪矫饰呈泛滥之势。高考作文评卷场，有多少盲目的套作，遭到阅卷老师的指责；又有多少高仿的作品，成为争议的焦点。那么，实现作文教学的优质高效，应该拒绝哪些错误思想倾向？

一、拒绝虚伪矫饰的情感，欢迎细腻真切的感受

虚伪矫饰的情感，无病呻吟的言辞，让人厌倦，所以应该拒绝虚伪矫饰的情感，以细腻真切的感受来打动读者。请看我引领学生修改的片段。

原文：真正感受父亲的爱，是在父亲大病之后一个早上。那天清晨，放假之后的我，匆匆回家，见过熟悉而又陌生的院落，我的心不禁一沉，看见父亲躺在床上。父亲见到我，紧紧地握着我的手，那一刻，看见父亲的病容，我心头一阵酸楚，这就是我伟大的父亲啊！我又是多么不孝啊！我转过头，眼泪流下来了。

改文：真正感受父亲深沉的爱，是在父亲大病之后的一个早上。那天清晨，放假之后的我，在两个小时公交车的颠簸之后，遥遥望见我的村庄，我的家。自从上次感冒回家休养，因父母争吵我赌气从家中返回学校，已经两个月没有回家了。（阐明原因）奇怪的是，没有见到母亲村头翘首期盼的身影，我怀着忐忑不安的心跑向家中，母亲正在床边端水喂药，"我爸，怎么了？""你爸担心你，每天都要到村头望你，盼你回来，因为感冒，得了伤寒！"（对话描写，突出父爱之深）父亲面容憔悴，头上依稀可数的白发刺

痛了我的双眼，（肖像描写）顿时我眼前起了一层雾。见到我，父亲用枯瘦的、长满老茧的手紧紧地握着我的手：（动作描写）"孩子，上次感冒彻底好了吗？""好了。"我心头一阵酸楚，哽咽道。"孩子，我们没有照顾好你！""爸，别说了，都过去了，您好些了吗？"（对话描写）我哽咽着说完，掩饰般地端过水碗，悄悄地转过头，眼泪不听使唤地哗哗而下，成串地滴落碗中……（动作、神态描写）

【点评】原文纯粹叙述，缺少具体细致的描写，父亲的形象不鲜活、不生动，整个文段缺少打动读者的真挚感情，尤其"这就是我伟大的父亲啊""我又是多么不孝啊"有虚伪矫饰的嫌疑。改文既有事件的叙述，又有典型的肖像、动作、语言、神态描写等，尤其结尾几句，更是生动感人。

要坚决杜绝虚伪的情感和陈词滥调，让我们的作文流淌细腻真实的感情。

二、拒绝空洞生硬的理论，欢迎切合主题的升华

《收获》编辑部主任叶开认为，部分高考作文之所以出现大而空的情况，是因为现在一些教师更注重的是空洞的思想道德教育，而不是文学艺术中散发出来的强烈的真善美；是虚假的说教，而不是真实的感受与体验。打造优秀的文章，应该摒除空洞生硬的理论，用切合主旨的表达去吻合题意，升华主题。

下面是一篇考场作文《怀念夏天》的升格片段：

原文：中午，温度升高，父亲头上晒出了汗，我也一样，我们一直坚持着，坚持着，终于一天的工作已经完成，看着自己的劳动成果，我心里忽然有了甜美的感觉，父亲不容易，我也很是受累！

苦难的日子一定要记得，忘记过去的历史就意味着背叛！这是一位哲人告诉我们的，它引导着我们不断走向成熟和进步。人，需要历经苦难，需要苦难给予的磨炼。苦难并不可怕，如果你的心中有信念的话，从摔倒的地方凭借自己的力量重新站立起来的时候，你会比原来更加高大与健壮。朋友，牢记"生于忧患，死于安乐"的古训，磨砺自己吧，挑战困难，我们就向成功迈进了一步。

这是一段难忘的回忆，我难忘那一段夏天的回忆！

【升格片段】

中午，温度升高，父亲脸颊微红，额头不时渗出细小的汗滴，渐渐汇成颗颗汗珠，"啪嗒，啪嗒"地往下落，混着清香的泥土，青涩的草气以及浓

烈的药味直往鼻孔中钻。一天的工作已经完成，看着自己的劳动成果，心里不时地泛着甜，为了秋后的丰收，这些都是值得的。

又是一段逝去的夏，虽年年有夏，可每年夏的滋味却不尽相同，不仅仅是那美丽的风光，更含着我与父亲那一段回忆。是爱让记忆永垂不朽。同样，这逝去的岁月，关于夏天的怀念也永远铭刻在心。

【点评】原文是一篇回忆性的散文，有些抒情议论也无可厚非，但大量的与怀念夏天无关的议论就使文章走向了另一个极端，导致文体不清。同时，描述不生动，写景不细腻，刻画欠形象。因此，改变空洞的理论是升格此文的关键。

升格片段描写细致生动，刻画细腻逼真，而叙述之后的抒情议论是前面文字基础上的自然生发，不但摆脱了空洞的理论，而且起到了升华主旨、画龙点睛的作用，又有着余味无穷的妙处。

三、拒绝不知所云的思辨，欢迎真知灼见的阐述

闻听高考阅卷欣赏深刻的文章，又听说所谓的深刻就是具有哲学思辨意味，所以部分考生盲目堆砌哲学家的故事，呈现文章的思辨性，但整体看来，这些都是些不知所云的思辨，缺少真知灼见的阐述。

请看下文：

往往有很多人，相信信念，不被外物、别人的目光所左右。简·奥斯丁说过，我们要坚持信念，不要被别人的目光所左右，哪怕是教条，哪怕是金钱；君特·格瓦斯是20世纪最后一位诺贝尔文学奖的获得者，他造就了自我的和谐，在他的心中有着强大的信念去剖析自己，他不顾别人的谩骂，唾弃，有些人甚至想把他一脚踩死，他把这些"柔软的东西"放在一边，毅然执笔挥毫，书写了在战火纷飞的年代的自我剖析。托马斯·桑巴亦如此，相信金钱乃身外之物，不被妻子所左右，在晚年离家出走，追求内心和谐的自我。相反，有一些人虽心中有些"坚硬的东西"，但依然抵不住"柔软的东西"，从而达不到自我的和谐，如凡·高虽一心创作，绘画，但是依然耐不住寂寞和爱情的失落，无法忍受爱情之神的折磨，用自残的方式割下了自己的耳朵。显然，这不能造就自我的和谐；显然，这种方式是愚蠢的。

这一段落里，将别人的目光、金钱、教条、别人的谩骂甚至妻子等看作"柔软"的东西，说明作者对材料中的坚硬与柔软根本没有理解，也显示出

作者缺乏起码的思辨能力：既不能把握住内心的这两种体验，更不能对这两种体验做理性的思考。

四、拒绝玩弄玄虚的忽悠，欢迎严谨流畅的表达

高考作文新近又出一种虚假现象：每个句子都很华丽漂亮，但是放在一起组成段落却不知所云。因此，我们需要拒绝玩弄玄虚的忽悠，用严谨流畅的表达来为文章增添色彩。

请看下面的文段：

曾感受过诗人辛弃疾"八百里分麾下炙，五十弦翻塞外声"，我为他为百姓立命的"横渠精神"而呐喊鼓舞，但也曾为他"蓦然回首，那人却在灯火阑珊处"的温婉而泪流满面。人心如同夜色，虽有一层层不可捉摸的坚硬的防护，但夜空中的点点滴滴繁星闪烁，正是那温情美好的时光的经历。

单看前后两个句子，文笔确实好，可谓深刻形象。但是，将这两个句子放在一个段落里，却不知作者到底想讲什么。前一句说的是辛弃疾心中的坚硬与柔软分别是什么，大概要表达的是和谐的自我可以呈现出怎样的"坚硬"与怎样的"柔软"；而后一句说的是人心，是指辛弃疾的内心吗？如果是，"夜空中的点点滴滴繁星闪烁，正是那温情美好的时光的经历"尚可以理解为是在分析辛弃疾的"蓦然回首，那人却在灯火阑珊处"，但"他为百姓立命的'横渠精神'"便是"一层层不可捉摸的坚硬的防护"，难道说辛弃疾很假吗？

这种玄虚，令人费解。因此，拒绝玩弄玄虚的忽悠，用严谨流畅的表达来为文章增添色彩，很有必要。

五、拒绝陈陈相因的高仿，欢迎独出机杼的创意

陈陈相因的高仿之作，在高考作文中频频出现，成为阅卷者心中"永远的痛"。

请看下面的片段：

盈盈的月光如流水一般，我心中捧起一捧最清的；落落的余晖如宝贝一般，我心中选取一颗最绚的；芳草萋萋的鹦鹉洲上，我摘取一束最美的；而在漫漫人生路上，我要摘取的是那最重的——信念。信念若在，心就在；心若在，梦就在。

以上片段是湖南高考满分文《心若在，梦就在》的片段，初看起来，意境优美，语言凝练，巧妙运用了比喻、排比句式，有着韵味无穷的妙处。但如果我们看以下片段，就会明白其中的蹊跷：

盈盈月光，我捧一捧最清的；落日余晖，我拥一缕最暖的；灼灼红叶，我捡一片最热的；萋萋芳华，我取一束最灿烂的；漫漫人生，我要采撷最美的，那弥足珍贵的——诚信。

——2002年高考满分作文《诚信》

这明显是仿作套作的片段，按照这个思路，任何一个词语都可以镶嵌在最后的核心句子中，如坚韧、执着、谦虚等，然后就宣告万事大吉了。更有甚者，直接将某些网络写手的优美片段放在文章中，文笔"好"得离奇。阅卷教师如果没有看过此类片段原文，就会被忽悠，直接打上高分，也就助长了这种高仿的念头。

高考作文欢迎独出机杼的、独抒性灵的作品，这需要考生从自己的实际出发，捕捉感受深刻的细节，用准确、自然、生动的词语表达出来，从而创作出独出机杼的作品。

打造优秀作文，从拒绝开始。拒绝以上几点，凭借情感的细腻真切，表达的严谨流畅，阐述的鞭辟入里，主旨升华的巧妙新颖，独出机杼，独抒性灵，自可在方寸之间随意挥洒，铸就有思想、有见地、有内涵的充满时代气息的文章。

参考文献

沈国全. 警惕高考作文出现新三"假"［DB/OL］. 文汇报·文汇教育（2015-07-02）［2015-07-13］http：//blog. sina. com. cn/s/blog_40477f140102vkpa. html.

写作，从来没有技巧

写作，呼唤生命中灵魂的感动；写作，需要阅读为其注入源头活水；写作，需要活动助其展开彩色羽翼。写作，从来没有技巧！

一、写作，生命中灵魂的感动

写作是灵魂的呼唤，是灵魂的表达。作文通过文字展现在我们面前的是一个个完整鲜活的生命，是"我"的独立表达，是立体化、生活化思想情感的展示。写作呼唤生命中灵魂的感动，期待关注学生的灵魂与思想，也唯有如此，写作才能成为灵魂的舞蹈，写作教学才能不断丰盈。

奥地利著名的小说家卡夫卡说过："什么叫写作？写作就是把自己心中的一切都敞开，直到不能再敞开为止。写作也就是绝对的坦白，没有丝毫的隐瞒，也就是把整个生命都灌注在里面。"一言以蔽之，也就是写作要敞开心扉，讲真话，抒真情。美籍华人作家白先勇说："我写作，是因为我愿把内心深处无声的痛苦用文字表达出来。"在生活中寻找我们灵魂中特有的感动，把它浓缩成古老的长城赞歌，卢沟晓月的苍凉，江南水乡的一碧如洗，这是一种多么气势恢宏的景象；月下抒怀，有李白的浪漫，有杜甫的忧思，有辛弃疾的梦里看剑，有马致远的小桥流水人家的淡远，一切物象皆在情感的发酵中酝酿；与苏子一起泛舟赤壁，与恩格斯一起感受伟人逝去的空白，与鲁迅并肩"横眉冷对千夫指"，收获心灵的每一次震撼。这就是语文，也是写作的动力源泉。

没有感动，就没有鲜活的创作，笔下就不会涌出浩瀚的亲情、芬芳的友情，就不会有指点江山、激扬文字，更不会有伟大的中国梦。

学生习作片段1：

父亲，只是平凡的父亲，他不是灿烂的骄阳，浩瀚的银河；他不会为我们搬来星，摘来月，他什么也不会。他只是默默地注视着我们，默默地祝福着我们……

为我们的父亲虔诚地祝福吧，为这人世间最伟大的爱绘一幅沧海桑田，洒一片泪海情天！

——杨×《父亲》

学生习作片段2：

有人戏谑：德国发明了一种叫作"集中营"的游戏；美国发明了"9·11"和"南北战争"的游戏；日本发明了一种"广岛长崎原子弹"的游戏；中国在发明"黑五类"游戏之后，又发明了一种叫作"斗地主"的游戏。

这种戏谑完全是一种调侃，没有什么价值，但其言外之意却让我们深思良久。

就在意大利对一百年前受到侮辱的中国人进行国家道歉和赔偿时，我们的国人正在聚精会神地集体狂欢。

谁来温暖受到侮辱的国人的心？我不得不一次次呐喊。

——孟××《温暖》

我们为这样的优秀片段陶醉，我们为伟大的亲情而感动，我们为民族的忧思而震惊。灵魂的感动，触动深刻的忧思，而深刻的忧思，与灵魂的感动同步，表达的是一颗火热的忧国忧民的心灵。

灵魂的感动需要场景，需要教师的真情付出，需要思维的真正激活。

于漪老师说："作文教学应少一点功利，多一点师生之间的真情。教师培养学生正确使用祖国语言文字表情达意的能力，目的是使他们终身受益。教师在指导学生学写作文的过程中，引领他们认识社会，体悟人生，增长见识，提升思想。要担当起如此重要而艰巨的任务，必须对学生丹心一片，有耐心，有韧劲，肯下功夫。师生亲，情意真，作文教学就不会是枯燥无味的条条框框，而是灵动的、有趣的、充满生命活力的。"

多么深刻的见解，多么中肯的建议，多么富有见地的解读，让我们茅塞顿开，心有戚戚。

二、阅读，写作的源头活水

叶圣陶先生在《评〈读和写〉》中说："阅读与写作是对等的两回事，可不是彼此不相干的两回事，认真阅读有助于练习写作。"平易的话语蕴含深刻的道理：阅读是写作的源头活水。

为了改变语文教学中长期存在的高耗低收的现象，打破语文教学改革消极、沉闷的气氛，使学生的主体作用真正得以发挥，在大量学习、借鉴高密一中"语文实验室计划"的基础上，我们学校于1999年4月开始实施语文读写训练教改实验。

我们制订了教改实验实施方案，探索科学的读写训练方法，寻找科学的读写规律。在学习学科课程的同时，构建了学科课程基础之上的、以读写训练为主的活动课程，以期开阔学生视野，开拓学生思路，扩大学生学习的空间，促使学生自动求知，自主发展，自愿实践，并在这一系列的实践中培养学生能力，发展学生个性，健全学生人格。

我们开辟了实验室，保证学生每周有一大课时90分钟的时间阅读，让学生广泛涉猎，以激发他们读写的兴趣，提高他们读写的积极性，使他们在自由的阅读空间里汲取大量有益的知识营养，并辅以必要的、精当的指导，力争打破单一的教学模式，改变高耗低收的局面。在此基础上，汲取科学的理论指导，探索出指导学生读写的有章可循的东西，改变以往的无主次、无顺序的状态，使读写训练活动走向规范化，形成一个科学有序的序列。

在确立学习目标时，除对思想要求、阅读能力、写作能力做了详尽的要求之外，还对读写训练过程中的量做了明确的规定：阅读（在校）不少于240课时，写作不少于20万字，练字不少于86万字。阅读课外读物不少于400万字，记20万字的读书笔记，抄录名言佳句1000则。

此项读写训练活动，既面对所有学生，注意学生整体素质的提高，又侧重于学生个性的发展；既培养了学生听、说、读、写四个方面的能力，又培养了学生的观察力、记忆力、想象力、思维力和创造力。在此基础上，学生写出了大量优秀的反映时代和生活气息的文章，近3年，在各级各类报纸杂志发表文章800余篇。

"胸存万汇凭吞吐""腹有诗书气自华"。阅读，为写作注入源头活水，丰富了学生知识，拓宽了学生视野，滋养了学生心灵，重塑了学生人格。

三、活动，助飞的彩色羽翼

如果说阅读为写作注入源头活水，那么活动则是其助飞的彩色羽翼。以下活动至关重要。

（一）生活活动系列

生活活动系列，需要我们张开耳目，融入生活。

林语堂先生说："要做作家，最要紧的，是要对人对四周的事物有兴趣，要比别人有更深的感觉和了悟。"作家如此，中学生写作亦如此，写作之初，要张开耳目，充分感知、了悟，方能创作出佳作。

1. 张开耳目，亲近自然。

引领学生走进大自然，用眼睛去观看，用耳朵去聆听，用心灵去感受自然之美，感恩大自然。一年四季，一日晨昏，雨雪雷电，大自然赋予了人类太多的美好，第一场春雨，第一次冬雪，课间的凭窗凝眸，三点一线的路边偶拾……

"春天，我送你一首诗""落雪无痕"等活动让学生见证了春天，认识了自然的魅力，激情学习的情感也在这大好的时光中萌芽生长。

2. 张开耳目，感受人情。

引领学生关注身边人，同窗挚友，师长父母，兄弟姐妹，哪怕是那些擦肩而过的平凡人，楼道里打扫卫生的老人，每天送水的工人，甚至偶尔为我们维修电器的师傅，抑或那些偶然帮助我们的路人。

"老师，我想对你说""写给母亲"系列征文，让学生感悟到师生情、母子情、同学情，让浓浓的情感为繁忙的快节奏生活注入动力。

3. 张开耳目，关心校园。

学校是我们的第二个家，从教室到操场，从操场到宿舍，校园里的一切都见证着学生的成长，而学生也见证着校园的点点滴滴，尤其是我校素质教育活动开展得多姿多彩，这就为课堂作文教学提供了丰富的素材和契机。例如，演讲比赛时，我组织学生听评，运动会时我要求学生捕捉赛场上可以引发生命思索的瞬间进行写作等。《校园花开》《感受运动》《生命的韵律操》都是学生关注校园写成的充满生活气息的作品。

4. 张开耳目，关注时事。

生活中每天上演着新鲜的事件，或让人感慨，或让人激愤。这些事件都是训练学生思维的有效素材。如何从事件表象中探问本质，能否把握这一事件与另一事件的相似之处；如何有序展开思路，呈现自己的认识……这些都是写作思维中的要事。同时，也可以利用多媒体、网络收看《新闻联播》、阅读时政新闻，了解世界大事，对时政热点问题进行讨论评议，发表自己的见解看法。

"我看中国足球""林书豪现象""封侯非我意，但愿海波平——谈中日关系""我心中的钓鱼岛"，都是高中生指点江山、激扬文字的大作，洋溢着激情，满含对社会的关注之情。

5. 张开耳目，勿忘节假日。

那些让我们沉重的节日，那些让我们欢呼的节日，我总是给学生补充相关的背景资料和与此相关的人物事件，让思想活跃的他们大胆表达自己的看法。

《重阳登高》《青春的思绪——写在五四》都是学生关注节假日之时的深沉思索，这种深思，这种关注，沸腾着热血，凝结着思考。

（二）情境活动系列

生活随笔——关心身边的人，留意身边的事，培养敏锐的观察力，捕捉生活的变化、美感、真情。开学第一课——军训，亲情感悟，校园现象一二三，假日见闻，家乡一景，成长的思考，即景赋文，读书小悟等，都是激活思维，开启智慧，引领写作的最好切入点。

情境写作，巧设情境，激发灵感，让学生写出优秀的现场作品；辩论演讲，演讲者要能明确阐述自己的观点，并能条理清楚地论证观点的正确性，能使听者认同甚至信服。每周议定一个话题演讲，每月拟定一个话题辩论，学生合作完成材料收集，独立完成文稿。

（三）课文拓展写作系列

将课文学活，学以致用，举一反三，辅助写作。进行文体形式多样，丰富多彩的课堂训练。

1. "'今日学习之必要'辩论"

2. "烛之武，我想对你说"

3. "《再别康桥》改写"

4. "《项链》续写"

5. "《我不是个好儿子》仿写"

127

6. "《祝福》读后感"

7. "鉴赏一首古典诗歌"

8. "文学短评：'红楼梦'中人"

9. "《雷雨》电影观后感"

10. "徜徉在唐诗宋词的河流"

这些活动足以激发学生兴趣，引领他们独抒胸臆，写就文思斐然的性灵之作。

（四）展示、评价、交流活动系列

作品展示，学生互评，小组互评，教师评价，班班交流。每一个班级的学生都有自己独到的特色，教师每个月组织一次与平行班级的交流，共同探究写作的乐趣。

"奇文共赏"系列活动是激励学生写作的有效途径，主要通过多种评价方式让学生在分享和鉴赏中得到升华。小组互评环节的设置激发了学生的激情与热情，强化了学生对学习的责任感。

活动，让学生对写作充满激情，对生活充满热爱，枯竭的思维开始盈满生活甘露的滋润，汩汩滔滔的思绪也在这丰富多彩的活动中如泉水般流淌，学生的思想开始展翅飞扬。活动，助飞的彩色羽翼。

（五）大巧若拙存心中

巴金先生在《巴金谈文学创作——答上海文学研究所研究生问》中说："我说文学的最高境界是无技巧。是文学和人的一致，就是说要言行一致，作家在生活中做的和在作品中写的一致，要表现自己的人格，不要隐瞒自己的内心。"

我曾写了有关写作技巧的系列文章，当时自己颇为得意，认为这就是制胜的法宝，事后运用在几位作文特困生身上，期盼立竿见影，但效果寥寥。事后反思，仔细推敲，这些技巧只是考试之时的应急之需，感动、阅读、活动才是写作的催化剂和原动力。

写作，需要生命中灵魂的感动；写作，需要阅读为其注入源头活水；写作，需要活动助其展开彩色羽翼。大巧若拙存于师生的心中，酝酿于生活的感怀中。写作，从来没有技巧！

参考文献

［1］唐梅生.让生命主体在情思飞扬中绽放［J］.语文教学之友，2014（4）：32–33.

［2］为什么写作的19个理由. http：//blog. sina. com. cn/s/blog_534c13f20102er×1. html.

［3］于漪.生命的尊严［M］.太原：山西教育出版社，2014.

［4］中央教育科学研究所.叶圣陶语文教育论集［M］.北京：教育科学出版社，1980.

［5］大作家谈写作. http：//blog. sina. com. cn/s/blog_8e5947850102uwu4. html.

［6］巴金.巴金谈文学创作——答上海文学研究所研究生问［J］.文学报，1982（53）.

浅谈如何才能写出大气文章

何为"大气"？文章立意高远、深刻反映生活本质是大气；语言畅达、气势磅礴是大气；材料丰富、旁征博引是大气；感情真挚、情出肺腑也是大气。大气文章不一而足，但大气文章总的特点是抛弃了文章的局促狭隘，打碎了矫揉造作，以一种浑然大气感人心扉，让人读而生叹，思想境界也会随之升华提高。

历次高考阅卷，阅卷教师常常会为考生文章的矫揉造作、无病呻吟而厌倦、叹息，同时会为偶然出现的大气之作拊掌惊叹。确实，文风平淡的小气之作是高中学生写作的一大弊病，消灭这种小气的作品，写出大气文章实在是目前急需解决的问题，那么，如何才能写出大气的文章呢？

第一，怀一腔热爱生活之情，洞察生活，深入思考事物本质，使文章立意高远，显示理性和睿智的光芒。

对社会的漠不关心，对生活的置若罔闻，是产生小气之作的根本原因，所以我们一定要怀一腔热爱生活的感情，用敏锐的思维洞察生活的细微变化，感悟社会的气象万千，并深入思考事物的本质，使我们写就的文章观点新颖，与时代的脉搏同时跳动，启发人们感悟生活的美好和社会的万千变化，激励人们不断奋斗，不懈努力。

感悟是前提条件，对问题进行深入分析则是关键。例如，以"秋"为话题写一篇文章，我们可以由秋的果实累累，思考"秋是一个收获的季节"，没有付出就没有收获；可以由秋的落叶飘零，想到秋引发的愁思，写人之情与外界事物变迁千丝万缕的关系；可以由秋的万物飘零，孕育下一个丰收的季节，写秋是一个新的开始，"落红不是无情物，化作春泥更护花"。总之，抓住事物的本质，对问题进行深入思考，提炼的观点才有启发性，才能激励人们思考和不断上进。

请看下面一篇2013年安徽高考满分作文。

穷其可能

我的人生就是要穷尽一切可能性。

——康 德

人们看到已经发生的事情，感叹它的不可思议。萧伯纳却时常梦想着一些从未发生的事情，然后坚定地说道：为什么不能这样。

的确，未发生的不代表它不可能，只要我们拥有自信、勇气、智慧，定能将心中的梦想实现。

穷其可能，需要强大的信心。新中国成立之初，外国人认为我们很难解决温饱问题。但袁隆平却不相信，他的心里有个梦想，在金色的秋季，让老百姓满脸笑容地收获沉甸甸的庄稼。为了这个梦，他废寝忘食，苦心钻研，他充满自信，这自信源于他对杂交水稻的深信不疑，这自信源于亿万国民的支持。他做到了，他解决了上亿人民的温饱，他令世界都不得不叹服："为什么会这样？"或许有些人从内心发出这样的疑问，但只要有了强大的自信，并努力为梦追寻，那为什么不能这样呢？

穷其可能，需要无比的勇气。"安能摧眉折腰事权贵，使我不得开心颜"，诗仙李白在被贬谪之后，发出内心最本真的呼唤。李白曾在长安有过一段富足、不愁吃穿的生活，但权贵的不屑、欺压，使他一次又一次违背了自己的心性。终于他鼓足勇气，散尽千金，与友畅饮，同消万古之愁。他不惧贫困，不惧冷落，更不惧嘲讽。他带着一颗勇敢无畏的心，畅游山水，梦游天姥，碧溪垂钓，梦日乘舟，终于找到了心灵的归宿，也因此成为一代浪漫主义大诗人，被后代称为诗仙。

穷其可能，需要超人的智慧。"文革"结束后，国人对中国的发展道路深感迷茫。邓小平用他睿智的双眼，审时度势，提出要走中国特色社会主义道路。这绝对是前无古人的创举。事实也证明了邓小平理论的正确性。改革开放三十年，中国快速发展，综合国力稳步提升，中华民族也骄傲地屹立于世界民族之林。若无非同常人的智慧，邓小平又怎能拨开前进方向的迷雾，带领中国走向繁荣富强呢？

立足当下，我们不应发出"怎么会这样"之问，发生的已成定局，也必有它存在的道理。我们应像萧伯纳一样，时常梦想着一些未曾发生的事情，然后追问："为什么不能这样？"

充满自信，拥有勇气，培养智慧，我们必能穷尽人生一切可能性，实现自己的人生价值。

【点评】本文紧扣康德的"我的人生就是要穷尽一切可能性"作为写作的切入点，构思行文，接着提出了自己的看法"未发生的不代表它不可能，只要我们拥有自信、勇气、智慧，定能将心中的梦想实现"，然后又用三个小段做进一步论证。文章叙述事例繁简得当，叙中有议，切中要害，读后给人以启发和警醒。

正因为作者深入地思考事物的本质，所以才有了高远的立意，才使文章显示出理性和睿智的光芒，呈现出不同一般的"大气"！

第二，博览群书，旁征博引，使文章呈现一种知识丰厚的"大气"。

一篇题为"战胜脆弱"的高考文章，流传很广，其议论的深度和广度，其文采，其议论的力度，都足以令作文小气化的考生咋舌称羡。关键的是，这篇文章的旁征博引，从容洒脱、起于青蘋之末的气势，都呈现出知识的无穷魅力，令阅卷者拍手称快，最终经阅卷小组全体人员一致通过，获得满分。我们不妨一读。

战胜脆弱

莎士比亚在资本主义新教伦理的男权宪章上曾加入一句格言："女人，你的名字叫脆弱！"我真想像北岛在《回答》中一样呼喊："我不相信！"是的，我不相信：泪水是女性唯一的人生姿态，脆弱是女性专有的心灵品质。

当然，我脆弱过，我沉沦过，那种达观与坚韧曾是我的一种奢望。可造物有情，它赐给我一个形而上的概念：理性。理性，在康德深邃的眼睛里；理性，在让-保罗·萨特的"幽灵宾馆"里；理性，在伏尔泰略微颤抖的声音里；理性，在我的心灵深处，激发着我如今的信念的坚定与性格的坚强。

理性，来自历史的告诫与哲人的声音。

我曾被考试的失败打击得萎靡不振，回到家中，昏沉沉地捧起切·格瓦拉的不老传说。读之弥坚，仰之弥高。切·格瓦拉一别卡斯特罗的赏识与高贵的地位，二别玻利维亚丛林战争胜利后的位极人臣和富甲天下，把生命视为一场战斗，坚守着无援的理想，永远流浪斗争在第三世界的森林里。而我呢？在对照与追问之后，又清醒而自信地直面人生了。

我曾经因友谊的破裂而日夜消沉，不思进取。贝多芬的神魂在他的《命运》中对我低语："如果有一种东西是不死的，那就是精神，对抗命运的精神。"于是，我沉思，于是，我觉悟。感谢贝多芬百年前阳光的慰藉与照耀。

我曾在生活的磨难中知难而退，一蹶不起。而此时，我幸遇顾准的博大精魂。读他的《从理想主义到经验主义》，书卷方合，血脉已张。吃了十几年的冷馒头，其苦不可谓不深；独自寂寞地批判文化的偏执与思想专制，其心不可谓不坚。比照"文革"的浩劫与灾厄，生活中的险恶与惨淡不应成为任何脆弱的理由。在思辨与反省之后，我遂坦然。我决意以自己为旗，守护自己的坚韧与顽强，自己的价值与信仰，同张承志一样。

鲁迅先生曾归结一个"韧"字为中国的民族精神。我正在，也应该实践这个字。因为：

"天行健，君子以自强不息！"

【点评】作者在把握论点的基础之上，思潮涌动，把自己早已积蓄的知识迅速拢来，一气呵成，旁征博引，显示了知识的无穷魅力。其厚重的内涵，畅达的文思，精练的词句，飞扬的文采，构成了本文的"大气"。如果没有丰厚的知识积淀，是不能完成这一磅礴大气的文章的！

第三，感恩生活，塑造感恩的心灵，以真情来写"大气"文章，使文章以情感人，以情动人，震撼人的心灵。

一位中国学者到美国访问，在洛杉矶的一家宾馆就餐，看到三个孩子在纸上写着什么，于是询问他们写的是什么，其中一个大点的孩子说他们在写感谢信。学者感到奇怪，凑过去看他们写了什么，原来每张纸上，都写着诸如"路边的野花开得真漂亮""昨天妈妈给我讲了一个有趣的故事""昨天的比萨饼真好吃"之类的话。

学者感叹他们记录下的不是大恩大德，而是感觉很幸福的点点滴滴。

我们也需要有这样一种感恩意识，以一颗感恩的心灵感受生活的美好，让我们原本平淡的生活焕发出迷人的光彩。只有这样，我们才能感受到生活的五彩斑斓，才能在具体的写作中融入真情，写出思想健康、感情真挚、震撼心灵的文章。

例如，以"感动"为话题，一名考生以敏感的心灵感悟到大自然的微妙变化与和谐美妙，感悟到生命的生生不息、伟大顽强，写成了《春天里的感动》，获得阅卷者的一致好评。请看原文。

春天里的感动

在这乍暖的时令里，心情在极淡极淡的颜色里无可放置，少年的天真和纯洁是夏日茂盛的回音；未来美好的生活景象成了现实的绮梦——唯独不喜欢现在。

不知从何时起，我便发现春天已经如期而至了，来得是那么轻盈、洒脱，没有一点声音，我看到了春天在向我微笑……

柳芽咬碎了冬天的包裹，萌动了。

麦苗仰起了泥染的脑袋，冒尖了。

竹笋挣脱了严寒的束缚，拔节了。

花瓣启开了温馨的心窗，绽放了。

……

微风一吹，隐隐约约，飘飘忽忽，梦一般的朦胧，而柳枝随风一摆，又使人感到新生命颤动的欢乐，美丽的小鸟那凄凄缠绵的歌声，荡起的绿色春潮又渗透着甜美的韵律。

哦，春，生机盎然！我的心弦微微颤动，溢出恬静的旋律，和着春之声共鸣，我被这一切深深地感动着……

我这才发现，原来现在竟是如此的美好！总是在现实中莫名地畅想美好的未来，却不知道自己已经拥有了美好的现在。看！那微风吹起柳枝不断地摇摆，你难道不为之感动吗？

河水潺潺流淌，轻轻流进我的心房……

此时，我在春的田野里徜徉，我并不留恋已逝的昨天，只想吸收着春的营养，细细体味未来将会怎样。啊，愿春天永远微笑！

有时候，感动，是寒冬里的一缕阳光，是盛夏中的一股清泉，是满溢热情的香槟……其实，感动不要任何理由，只要你用心体会！

曾经读过这么一篇文章，当河蛙从砂体内挣扎出来时，它是那样痛苦，但是终会成为美丽的珍珠。

我想，我是蚌，感动是砂石，因为春天使我能够执着地坚持，将粗糙的砂石变成美好的珍珠！

【点评】作者感受到生命的美好，感受到生命的跃动，大自然的气息与生命的生机勃勃尽显于文章之中，"有时候，感动，是寒冬里的一缕阳光，是盛夏中的一股清泉，是满溢热情的香槟……其实，感动不要任何理由，只要你用心体会！"

如果没有一颗感恩的敏感的心灵，是不会有此优秀的作品出现的。

另一名考生则写了自己的父亲，写了人世间最博大的父爱，并为之而深深感动。他在叙述完感动心灵的往事之后，这样写道：

父亲不能给我们带来天，带来地，揽来星，摘来月，他什么都不能……他只能默默地注视我们，默默地为我们祝福。为父亲而感动吧，为这人世间最博大的爱洒一片泪海情天！

"泪海情天"一词出自作者的真情，出自作者感恩的心灵，有此真情，才有感人的力量，才有这文章的"磅礴大气"！

第四，不断锤炼语言，张扬语言的个性，使语言张开灵动的翅膀，显示文章的"大气"。

2013年山东一考生的《腹有雅量气自华》，语言就极具特色。请看原文。

腹有雅量气自华

我喜欢门外的那条河。

它平和静谧地流过时光，将所有杂质一一沉淀，白云苍狗之间，它仍是清澈见底，偶有桀骜不驯的一次。人们为它加固堤坝后，它继续温顺地滋润农田。

河流有如此雅量，那些被《咬文嚼字》指出错误的作家们又何尝不是如此呢？雅量，是一种直视错误的大气魄，是一种虚心聆听的大胸襟。有雅量的人，可通往精神的罗马，可到达彼岸的花开，亦可安然夜黑的山路。

直视错误，腹有雅量，气自芳华！

金銮大殿上，群臣惶恐，惧怕天威。她读完那篇骆宾王写的将她骂得狗血喷头的《讨武曌檄》后，莞尔一笑，大叹此人才华。臣子面面相觑，她却指责宰相不能早日发现这一人才。

这是何等的雅量啊！面对批评与指责，作为天子的她不仅不愠，反而欣然接受，敢于直视自己的错误。如玫瑰般铿锵的她从不为自己歌功颂德，而为自己留下了一块无字碑。她深知，无字，方能不朽；无言，方能万言！

雅量，让一代女皇，托起日月当空！

滚滚长江东逝水，是非成败转头空。而雅量却如同那幽谷芝兰，香飘千年，至今仍在。

坚净斋里，他挥毫泼墨，一横长城长，一竖字铿锵。

"诗思情深诗语隽，文衡史鉴尽菁华。"启功先生就是这样一位大师，他有着博大精深、无所不容的学问，也有着隽秀洒脱、卓尔不群的书法。可即使如此，他仍常常虚心请教于人，每当别人指出他的不足时，他更是欣喜如一个得到礼物的孩童。

这便是雅量。对待不足敢于直视，胸怀当如天地广。

雅量，让一代大家，山高水长。

雅量，让铁凝、莫言真挚感谢为他们挑错的人，让他们的作品更上一层楼。于人如此，于国家，何尝不是如此。

遥想百余年前，鸦片战争的炮火攻破了"天朝上国"的美梦，泱泱大国就这样跪倒在了《南京条约》之下。但是面对闭关锁国的错误，我们敢于直视，敢于改正。

于是，有这样一群人站了起来，他们用华年作桨，涉万里河江。自此，辛亥革命的旗帜竖立在了祖国的大江南北，井冈山的杜鹃开出血与火的颜色，南海边的渔村地覆天翻，北京奥运会火炬点亮中华。

雅量，让一个民族屹立在东方。

而我们当代青年，更要鲜衣怒马，意气洋洋，不计过往，铿然前行，直视错误，虚心改正，因为——

腹有雅量气自华！

【点评】本文运用起兴手法，由眼前河流的雅量写起，由物及人，古今结合，联想到武则天、启功以及铁凝、莫言等人直视错误的气魄、胸襟，再由个人上升到国家，叙述一代代直视错误并虚心改正的国人的雅量，层层深入，结构紧凑，过渡自然，显示了作者高超的写作基本功。

更重要的是，本文语言富有文采，题目"腹有雅量气自华"巧妙地化用诗句，让人耳目一新。"一横长城长，一竖字铿锵""诗思情深诗语隽，文衡史鉴尽菁华"等语言，整散结合，精当引用，生动隽永，让读者读起来朗朗上口。

不断锤炼语言，打造语言的独特风格，彰显文章的大气；怀一颗热爱生活的心，感受生活，思考生活，透过现象认识事物的实质，认识万千世界的变化；博览群书，旁征博引，让文章呈现知识的无穷魅力；怀感恩的心灵迎接生活，融入真情去创作，我们一定会写出属于我们自己的大气之作的！

时评类文章如何展示当代中学生情怀

——以材料作文"小岗村十八位村民立下生死状，大胆改革"为例

一、一道作文题引发的思考

滨州市高三期末考试一则与时代相连的作文测试题，富有时代气息，再现了20世纪70年代改革的最初原型，在改革开放40周年之际，重新回顾，此情此景，有着巨大的时代历史意义。请看原题：

小岗村——中国农村改革的发源地，以前是一个出了名的穷村。1978年11月24日晚上，十八位农民以"托孤"的方式，冒着极大的风险，立下生死状，在土地承包责任书上按下了红手印，他们以敢为天下先的"小岗精神"，拉开了中国改革开放的序幕。1987年，全国有1.8亿农户实行了家庭联产承包为主的责任制，占全国农户总数的百分之九十八。小岗村从而成为中国农村改革的发源地。

在改革开放40周年之际，读这则材料，你有怎样的感悟？请把你的思考和感悟写成一篇文章，不少于800字。

要求：自选角度，确定立意，自拟标题，不要脱离材料内容及含义的范围作文。

走进阅卷现场，发现学生作文中普遍存在以下问题。

1. 盲目照搬照抄"新华时评"中改革开放的大段文字，截取引用国家领导人的讲话，食而不化，没有自我的分析，自我的思考，缺少个性独特的表达和思路严谨的论证。

2. 大谈特谈改革开放的巨大成就，忽略了"生死状""敢为天下先"等关键词语。

3. 没有对材料进行概括，行文过程中不能引—析—联—结，使文章宛转流畅，结构严谨。

4. 缺乏必要的分析思考，没有自我的存在，没有真我的表达，没有大我的彰显。

冷静思考总结，时评类文章需要展示当代中学生的情怀，反观我们当下，没有自我，无病呻吟，囿于小我情调，缺少大我情怀，在中学生作文中大肆泛滥。为此，我们需要引领学生从无我到有我，从假我到真我，从小我到大我。那么，如何做到这一点呢？

二、范文引路：引领学生寻找展示中学生情怀的方法与途径

借助全市阅卷组提供的几篇优秀文章《敢为天下先》《弄潮儿向潮头立，敢为人先绘新篇》《勇立改革潮头，争当时代先锋》《以改革步伐迎大国芳华》《承担责任，敢于亮剑》《改革之魂常在，革新之树常青》《以勇为矛，将改革进行到底》，我引领学生去寻找、发现展示中学生情怀的诀窍。

通过个人阅读、小组合作交流、推荐展示三个环节，学生们推荐了大量的优秀片段，总结了几种展示中学生情怀的方法和技巧。请看下面的教学镜头。

生1：我们一组推荐的是《以勇为矛，将改革进行到底》中的第6段，我读一下。

"当然，我们提倡改革的勇气，并非鼓励一味求变和目空一切的改变，那是莽撞，而非勇气。当年戈尔巴乔夫的改革，一味求变，求快，求新，而忽略了社会主义最本质的基础，最终致使苏联解体。当今时代，改革大行其道，但也不要因为一时的莽撞而动摇了自己的根，所以我们的改革并不需要一致全改，一改再改，而是要有理性的勇气，有远见的争先，这才是真正伟大的改革。"

生2：我们小组认为，学会理性思辨，在辩证思考中书写责任与担当，是展示中学生情怀尤其是时代担当的有效途径。

师：不错，学会理性思辨，在辩证思考中书写责任与担当。这位同学有

着犀利的目光、辩证的思维，这是我们中学生写作中必备的素质。

生3：我们二组推荐的是《勇立改革潮头，争当时代先锋》中的第4、5段，我读一下。

"与青年一起助力改革远航，'我们是五月的花海，用青春拥抱时代；我们是初升的太阳，用生命点燃未来。'十年饮冰，难凉热血，梁启超曾在他那篇著名的《少年中国说》中动情地写道：'纵有千古，横有八荒。前途似海，来日方长。美哉，我少年中国，与天不老。'少年是祖国的未来与希望，自然也是改革发展的主力军。习主席说，这就像一场接力跑，每一代人都要为下一代跑出一个好的成绩。如今这是我们的时代，走好我们的长征路，显然尤为重要。李大钊在《青春》一文中写道：'青年循蹈乎此，本其理性，加以努力，进前而勿顾后，背黑暗而向光明。'意在告诉我们当有担当精神，敢为天下先，将自己融入祖国发展之河，为改革续航。

"大江流日夜，慷慨歌未央。从改革的艰难起步，到如今沐浴着改革的春光，无数前辈以其担当精神，撑起湛蓝的一片天，也愿此刻的你我，无论年届花甲，抑或二八芳龄，心中皆怀担当，敢为天下先！"

生4：我们二组认为，巧妙引用，在引用化用中可以展示时代豪情。巧妙地引用是文章文采斐然的方式，更是抒发中学生情怀的有效方法。

师：引用化用，文采斐然，展示情怀，何乐而不为！下面继续。

生5：我们三组推荐的是《敢为天下先》中的第5段，我读一下。

"敢为天下先就注定孤独，反观当下，很多青年，空谈理想，闲看庭前花开花落，忘国事于落英；漫随天外云卷云舒，荒岁月于变幻，经不住世间花花绿绿的诱惑，一不小心便陷于世界的大染缸之中。他们的生活看起来热闹，实则早已失去了自我，终究是于国于家无望，正如马尔克斯曾言：'生命中的一切灿烂都需要寂寞来偿还。'作为祖国的一分子，用个人寂寞换取国家未来的'海晏河清，朗朗乾坤'，未尝不可。"

生6：我们三组认为，反面写起，引发忧思，正反对比中凸显时代问题，才能使思想深刻，才能使文章具有现实意义。

我这里还有一篇比较优秀的北京高考满分作文《新时代，新青年》。我把其中的两段读一读。

"反观当下，又有多少青年因为悲观者的厌世而日渐消沉，丧失斗志？又有多少青年跟风讽刺者的轻视而暮气沉沉，不思进取？'佛系之风''丧文化'偶有袭来，没有了如铁的担当，青春岂不迷茫？

"我希望用战狼般如铁的担当，武装如诗的青春，拨开青春的迷茫雨雾，投身于祖国建设大业，天涯海角，四海八荒，有一份光发一份热，去保卫祖国的大好河山，将自己的青春融入淡泊的坚守之中，融入广大人民的幸福安定之中，融入祖国伟大复兴之中。告别繁华与喧嚣，赫赫而无名的青春，是我的不悔选择。新时代，新青年，铺陈的是传奇，激荡的是国魂。"

一阵热烈的掌声！

师：不错！反面写起，引发忧思，正反对比中凸显时代问题。很深刻！因为"忧思"，大家也正好从"小我"走向了"大我"！

生7：我们四组推荐的是《弄潮儿向潮头立，敢为人先绘新篇》中的第5段，我读一下。

"心怀中国梦，吾辈之青年，应如李大钊所言，青年之字典，无'困难'之字；青年之口头，无'障碍'之语；惟知跃进，惟知雄飞。你看，那是敢为天下先的宋玺，为保家护国尽出一份力；你看，那是敢为人先的夏天妮，为古老书籍的留存爱上一方天地；你看，那是敢为人先的陈鲲羽，为未来的科技增添新的活力！你看，你看，那是吾辈，那是吾辈，那就是——吾辈！

"新时代，新起点，新征程，风雪多经人未老，关山初度路犹长。我们致敬改革开放迈出第一步的小岗村村民，他们的精神将在我们身上延续！"

我们四组认为：只有心系国策，树时代标杆，化榜样为力量，才能展示中学生的情怀！

师：不错！高瞻远瞩，树立榜样标杆，与榜样同行！

生8：我们五组推荐的是《以改革步伐迎大国芳华》中的第7段，我读一下。

"作为新世纪的千禧之子，我们把握改革的航向，百舸争流，千帆竞发。'红日初升，其道大光。河出伏流，一泻汪洋，潜龙腾渊，鳞爪飞扬。乳虎啸谷，百兽震惶。'这是百年前梁公对青年的期许，我们有责任争当改革人才，勇于挑战重的担子，敢于啃最硬的骨头，善于接最烫的山芋。中流砥柱，奋楫争先，闯关夺隘，迎难而上。改革交由青年一代，改革不会停歇，大国芳华来日可期！梦想的太阳已不再遥远，它已经在东方的地平线上喷薄而出，万道霞光闪耀在我们面前，中国梦瑰丽的基因在改革精神的激荡下，必能绘出新时代异彩纷呈的崭新篇章。改革步伐不停歇，大国芳华来日可待。"

我们五组认为直接抒情，才能展示我们中学生的热切期盼，表达我们火热的心声！

师：对！直接抒情，在真情呼唤中绘壮丽华章，"真我情怀"得以彰显。但情感要避免虚假，避免无病呻吟，才可真情感人，真情动人。

师：我总结一下，可以用以下方式在时评类文章中展示我们中学生的情怀。

第一，理性思辨，在辩证思考中书写责任与担当；第二，巧妙引用，汪洋恣肆，在引用化用中展示时代豪情；第三，反面写起，引发忧思，正反对比中凸显时代问题；第四，心系国策，树时代标杆，化榜样为力量；第五，直接抒情，在真情呼唤中绘壮丽华章。

这里强调一下：我们在叹服以上技巧的同时，应该明确，所谓的技巧、方法，只是表层的东西，只有用心灵走进生活，感悟生活的深层内涵，明白生活中的真善美，洞悉事物的细微变化，把握事物的规律，学会辩证思维，深刻思考，深层探究，理性表达，才能在时评类文章中展示心灵，表达中学生的时代担当。走进生活，涵养心灵，从无我到有我，从假我到真我，从小我到大我，才是问题解决的关键！

一阵热烈的掌声！

三、欣喜之余的反思：让情怀在文中放射光芒

反思整堂课，思考时评类作文中展示中学生情怀的途径，我觉得应做到以下几点。

（1）构建支架，技巧点拨，汲取借鉴，为表层功力。

（2）涵养心灵，读书博览，强化素养，乃深层底蕴。

（3）搭设桥梁，合理共生，借助学习共同体，让平凡的文章生出精彩，让肤浅的文章走向深刻。

（4）情怀为先，心灵指路，使学生胸中有丘壑，豪情涌万千。

这样，走进奋进的时代，紧跟时代的步伐，激昂的热情，澎湃的思绪，感人的故事如港珠澳大桥、"一带一路"、改革开放四十周年、感动中国人物事迹……自然应该成为学生心灵澎湃的鼓点；感悟时代变迁，体验奋斗情

怀，洞悉万千变化……也应成为学生写作思考的切入点。点点滴滴皆成文章，*丝丝缕缕*的感悟也可能铸就佳作。

请看学生创作的优秀片段：

（1）正值改革开放40周年，港珠澳大桥的开通是最好的贺礼。古有长城气吞北国风光，今有港珠澳大桥横亘江南水乡。港珠澳大桥是在"一国两制"的框架下建成的，是强大生命力的充分体现。泱泱大国，汇聚港珠澳，凝聚人心。其壮哉！彰显大国风范，创新时代；其美哉！展示气势磅礴，开拓未来！［《这是一项伟大的工程》无棣县第二高级中学高三（7）班眭美虹）］

（2）这是一项伟大的工程。飞龙穿海腾云去，狂涛冲天连水平。匠心璀璨十余载，重器可担港澳城。壮举撼世传名迹，工程名扬万古青。笑傲世界登山巅，万众共赏中国情。风帆海豚青州道，三地一心闯荣耀。隔海亲情紧相连，紫荆明艳娉婷莲。时代威武大国强，强者中华不可当。攻坚克难定非凡，百折不挠破千关。而今望海逐潮立，华夏九州皆开颜。
［《飞龙穿海腾云去——写于港珠澳大桥竣工之际》无棣县第二高级中学高三（7）班孙若琳］

（3）你，是绽放在海拔6000米的藏波罗花，涧户寂无人，纷纷开且落（钟扬）；

你，是耕耘在乡村前沿的守护神，艰难斑驳岁月，风霜汇集皱纹（张渠伟）；

你，是坚守在黄海之滨的岗哨，波涛拍岸立，风颂赤子心（王继才、王仕花）；

你，耄耋一老者，科研一终生。忆往昔，岁月如流成枯枝，日月如梭韶华逝；看今朝，夜以继日心未止，忠肝义胆为勇士。宝刀未老如江月，铭我天下苍生志，一肩担古今，奉献表衷心，任尔东西南北风，一腔热血抒豪情（程开甲）。

壮哉，你们是民族的希望！伟哉，你们是国人的骄傲！［《感动中国十大人物观后》无棣县第二高级中学高三（7）班马晓芮］

（4）改革开放40年，峥嵘岁月慷慨歌。

十八农民生死状，创业豪情千万丈。

紫荆怒放耻辱雪，白莲盛开尊严还。

特区鼎立筑华章，开放永驻明月光。

零一世贸展芬芳，全球经济里程碑。

神舟五号傲苍穹，国旗飘扬入太空。

零八北京奥运会，世界惊叹我陶醉。

青蒿呦呦寻苹苹，疟疾恶痛不见影。

量子天眼巡天宫，蛟龙雪龙觅浪礁。

嫦娥四号世瞩目，月背留迹是玉兔。

扶贫攻坚埋头干，美丽画卷是小康。

高铁飞驰享联动，港珠澳藏一线通。

山河璀璨皆风景，国家实力海陆空。

民族复兴大伟业，世界惊叹大国风。

群情激昂奋我辈，不负韶华扬美名。

[《"改革开放40年"咏叹曲》无棣县第二高级中学高三（7）班书林]

作品即是心声，走进时代，踏响鼓点，融入社会，书写情怀，自然有真我，有大我，有新我，情怀自然也会在文中放射光芒！

于漪老师曾说："文章的光彩在于思想的发光。文章如果没有写作者自己独特的感受，独特的见解，'庸人思路'，浅表说理。即使语言还可以，也是站立不起来的。"她主张让情怀在文中放射光芒。于老师还说："要身入生活，心入生活，才会了解到周围的人和事，景与物，才会有所发现。""纸上得来终觉浅，绝知此事要躬行"，引领学生走进社会，让他们明辨是非，准确判断，理性思考，拥有热爱大自然的情怀、洞悉天地细微变化的心灵，感怀季节变换、生命轮回的奥妙，思考人生搏击、奋斗进取的真谛，用真心真情关注社会、拥抱时代，体验社会民情，书写责任担当、社会忧思，才能使学生拥有时代情怀和责任担当，才能为学生打下情怀的底子。

读书是打下情怀底子的又一重要途径。"读书破万卷，下笔如有神"，唯有让书籍的滋养浸透中学生的心灵，才能形成高雅的气质和风度。"胸藏万汇凭吞吐，笔有千钧任翕张"，正是此理。通过读书，浊俗变为清雅，奢华变为淡泊，促狭变为开阔，偏激变为平和。读书消除粗俗卑微，增加文明高贵。在浩瀚无际的书的海洋，熏染古今之人逸飞的豪情、横溢的才华、博大的胸怀、独具的人格，自然会生发出浩然之正气、担当之勇气、睿智之灵气、蓬勃之朝气。

文化是人存在的根和魂。引领学生涵养内在精神，追求真善美的统一，理性思维，批判质疑，勇于探究，自主发展，认识和发现自我价值，发掘自身潜力，有效应对复杂多变的环境，合理规划，成就出彩人生，发展成为有明确人生方向、有生活品质的人；让学生遵守和履行道德准则与行为规范，增强社会责任感，提升创新精神和实践能力，促进个人价值实现，推动社会发展进步，发展成有理想信念、敢于担当的人。这是培养学生核心素养的有效途径，更是让他们拥有担当情怀的必由之路。

以上这些都是写作之基，是时评类作文中展示中学生情怀的先决条件，更是写作汩汩滔滔的内在动力与源泉。

读书笔记批语的几种写法

实施素质教育，实现语文教学的转轨，最重要的是对学生读写能力的关注。如今大多数学校已举行了"语文实验室"实验，此项实验要求学生广泛阅读，并写出读书笔记。那么，如何写读书笔记批语，从而激励指导学生广泛阅读、创作呢？我认为可以用以下几种写法。

一、名言警句式

根据学生所写内容，适时地写下相应的名言警句，不仅可以启迪学生心智，增强他们的信心，激励他们奋进，而且可以使他们于不知不觉中收集到写作时的论据，可谓一举两得。

许多富有哲理的名言警句，其激励作用都是不可估量的，如"为中华之崛起而读书""志当存高远""在我的字典里没有不可能""人生能有几回搏"等都可以成为批语，写进学生的读书笔记中，激励学生奋进。尤其对待意志薄弱的学生，更应适时地勉励，不断地督促，使他们产生上进的动力。

二、委婉建议法

此方法的目的在于让学生明优识缺，明确今后的努力方向。主要有以下几种。

1. "书写"建议。如学生摘抄得较好，但书写得略差，我们可以写下这样的批语："摘抄得不错，如果书写再认真一些的话会更好。"

2. "多进阅览室"建议。对于阅读兴趣不太浓厚、阅读较少的学生，我们可以写"希望在阅览室中遇到你"。

3. "投稿"建议。我们可以这样写："写得很出色，可以投××刊物，祝愿你能发表。"

4. "多写"建议。对于写得较少的学生，可以写"希望你的读书笔记更丰实些"之类的批语。

总之，此法除"投稿"建议外，均要求委婉，以保护学生的积极性，使他们于鼓励式的批语中得到启发，从而付诸行动。

三、推荐法

我们可以根据学生读写的具体情况，推荐学生去阅读有关的内容，从而促进他们的阅读。

1. 推荐读物。许多刊物、报纸都是可以品读的资料，学生可以从中汲取许多有益的东西，我们可以根据学生的具体情况，写下批语："推荐一份刊物——《读写月报》，推荐一份报纸——《语文报》"。

2. 推荐文章。根据学生读写的具体情况，我们可以推荐他们去读相关的文章，如学生赏析了朱自清的《背影》，我们既可以推荐他们读孟郊的《游子吟》，也可以推荐他们读朱自清的散文《匆匆》，从而进行横向、纵向阅读。

3. 推荐其他同学的读书笔记和文章。让学生从阅读其他同学的读书笔记和文章中更真切地获得知识，也相应地寻找差距，提高自己。

四、推心置腹法

读书笔记也是学生心灵展示的天地，我们可以根据学生心灵的反映，根据他们在日常生活中存在的问题和焦虑，给以指导性建议，最重要、最有效的方法就是推心置腹法。具体写法如下。

"如果我是你，我会……"

对一个厌学的学生，可以写："如果我是你，我会让自己冷静，再冷静，而后寻找不足，为自己的更大进步而努力。"

这样，向学生敞开了心扉，学生会备受感染，思想也随之焕然一新。

五、方法指导法

对学生进行写法的指导，我们可以引导学生做以下工作。

找出一篇文章中的重点词语、精彩片段；对文章进行改写、扩写、缩写、仿写、续写；写出一篇文章的预习提示；写下自己的所感所悟；对文章进行评论、质疑等，目的在于引导学生掌握相应的写法。

六、树立目标法

帮助学生树立前进的目标，使他们产生上进的动力。如对一个成绩优秀的学生，我们可以鼓励他——努力使自己成为北京大学的一员；对一个语文略差的学生，我们可以为他树立目标——力争在本学期把语文学好。

七、粘贴法

把一些名言警句、优秀文章、大学简介、学习方法指导粘贴在学生的读书笔记上，代替批语，学生会感到格外亲切。

总之，读书笔记批语的写法各异，目的只有一个，那就是激励与指导。德国教育学家第斯多惠说过："教学的艺术不在于传授本领，而在于激励、呼唤、鼓励。"只有激励，才能产生上进的动力；只有指导，才能产生正确的方法。

在学生辛苦学习之后，我们用自己的心与他们的心去交流、去融汇、去沟通，写下一行行红色的批语。让这一行行红色的音符促使学生的思想与能力得以提高，促使他们的知识得以丰富；也让这一行行红色的音符增强学生上进的信心，鼓起他们拼争的风帆，驶向光辉灿烂的明天！

引导学生学会积累

新课标强调重视学生的积累、感悟、熏陶和培养语感，致力于学生语文素质的整体提高。这就要求语文教师教育学生积极主动地积累语言文学知识、生活经验和方法，为学生迅速、全面、深入地学习、理解文章打下坚实的基础，为培养学生的创造力、提高学生的实践能力创造必要的条件。

语文学科自身的特点和学生创造精神的培养，都决定了我们必须十分重视积累。语文的知识点与知识点之间没有明晰的系统性，是零散的，没有体系的语文知识，运用起来是很难收到明显效果的，这就要求我们必须重视语文知识梳理性积累的指导。学生的知识经验积累丰富了，就会萌发和发展创造力，为创造精神和实践能力的培养打下基础。古人所主张的"集腋成裘"讲的就是积累的道理，宋代大文豪苏轼主张"博观而约取，厚积而薄发"就强调了积累的重要作用。

我们可以从以下几个方面引导学生进行积累。

一、思想积累

指导学生认真、深刻地了解社会生活，用自己的眼睛去观察事物，用自己的心灵去感悟生活中的真善美；养成深入思考的习惯，学会分析事物的根源、关系、意义、趋势。这样，既能透过现象看到本质，随时把思索的结论记录下来，又能拓宽自己的认识空间，使自己创作的文章立意新颖、深刻。

思想积累的一条途径是写读书笔记。写读书笔记能使学生更深入地理解、思考阅读的内容，增强自己的记忆力，也能抓住阅读过程中一闪即逝的思维火花，记录下自己的新发现、新观点。写读书笔记可以有多种形式，如写阅读提纲、写心得。写阅读提纲可以概括阅读内容或摘录原作要点，应体现原作固有的逻辑性；写心得既可以写读后心得体会，也可以对原作的某些观点加以发挥，还可以对原作进行评论，阐述自己的见解、观点等。

思想积累的另一条途径是写随笔。写作需要灵感，而灵感往往只在瞬间产生。所以，要引导学生善于抓住灵感，从而为真正的创作打下基础，使学生获得创作的真切体验。

此外，通过具体的劳动实践、社会活动、参观访问、班级比赛、主题班会、辩论会等活动，甚至同学之间的交往、心灵的交流等，让学生体验到不同的感受，让他们认识到生活中不仅有痛苦、烦恼，也有友谊、成功和欢乐，不仅有假、恶、丑，也有真、善、美。这些都能使学生思想上有收获，认识上有发展，把这些收获及时加工、整理，学生也就拥有了思想的积累。拥有了思想、生活的"厚积"之"源"，便能在适当的时刻"薄发"出一篇篇闪烁着"人生火花"的文章来。

二、生活积累

材料来源于生活。生活中的材料是素材，素材经过提炼、加工，写进文章里就是题材。我们应指导学生深入观察生活，积极参与生活，到野外，到闹市，到农村，到工厂，去观察自然风光，体验世情百态，深入人们的内心，以了解情感世界的精微奥妙。如同学、老师、父母、亲友，街头小景、路上风光等，都可以抓住细节用日记或观察笔记的形式记录下来。这些取之不尽、用之不竭的素材，成为学生头脑里的"源头活水"，何愁不会文思泉涌？

三、语言积累

成功的语言教学，应该能让学生在阅读中学会积累语言，提高阅读能力和写作水平，从丰富多彩的词语中感受文化的博大精深。因此，我们要求学生在阅读时做到：①摘录优美词语、句子、语段，记录优美语句。②捕捉人们口语中鲜活、生动的语言。这样的语言来自人们的生活，是最典型、最有表现力、最能反映人们智慧的东西。如"打开天窗说亮话""身正不怕影子斜"等都闪烁着智慧的光芒和力量。③文章剪贴。如可以剪贴为学习方法类、论据大观类、词语类、文学常识类等，从而积累知识、积累经验，为我所用。另外，为这些文章制好目录，就是一本本图文并茂的剪贴集了。在剪贴的文章旁边写下几句文采飞扬的体会和感受，阅读时会倍感亲切；用彩笔把自己的剪贴集装饰一下，打开以后会令人赏心悦目、百读不厌。

四、诗文积累

对学生进行熏陶感染，提高学生的文化积淀，在潜移默化中提高学生的审美情趣，最佳途径就是进行诗文积累。古代学子背四书五经、唐诗宋词等，其目的就是强化自身的文化积累，提高自身的文学素养，俗言"熟读唐诗三百首，不会作诗也会吟"就是这一道理。我们可以开展"课前一首诗""诗文品读""诗歌朗诵会"等活动，让学生把积累在本子上的诗文移到脑海中，在不断地朗读、运用过程中，提高他们的文学素养，激发他们的积累兴趣，提高他们的审美感悟能力。

当学生在诗歌朗诵会、诗文品读等活动中获得热烈的掌声，在不经意的交流中文思泉涌，妙言佳句脱口而出时，学生内心的欣慰、快乐不可言喻。

五、创新积累

丰富的知识积累和生活实践积累，是创造之源、创造之本。在学生的积累过程中，我们应有意识地引导他们独立思考，不断想象，从而培养他们的创造力。

1. 激发学生的问题意识，引导学生善于生疑、质疑、释疑。让他们超越课文、超越教师的想法、超越已有的陈旧观点，并把自己新颖的、富有时代气息的观点记录下来，共同研讨、探索。

2. 记录下自己想象、联想的人、事、物，拓展思路。

3. 对课文进行改写、扩写、仿写、缩写，对文章的开头、结尾进行合理的再创造。

4. 进行创新写作实验，对作文内容、形式、语言的创新进行探索，对"一题多作"进行多角度审题立意研究，把学生学到的知识渗透到创造实践

第四篇　磅礴大气入文来——写作理论探究

中，让他们自主学习，积极思考，努力实践，不断创造，从而真正提高他们的创新能力。

学生语文素质的提高，需要我们不断强化积累意识，不断激发学生积累的兴趣，使他们的思想认识水平不断提高，思想内涵不断丰富，创新意识不断强化，为他们语文素质的真正提高创造条件，为他们健康、合理地发展打下坚实的基础。

巧用电教手段，在写作中培养学生的
想象力和创造力

"创新是一个民族的灵魂，是一个国家兴旺发达的不竭动力。"21世纪是一个知识经济的时代，更是一个创新的时代。那么，如何培养学生的想象力和创造力，从而使学生以开阔的思路、敏捷的思维迎接学习和新时代的一切挑战呢？针对学校现代化教学的实际情况，除在课文教学中巧用电教手段以提高课堂效率、培养学生能力之外，我还在作文教学中进行了有效的尝试。

一、"音乐想象"作文

有感于学生对音乐的浓厚兴趣和音乐给人们留下的极大的想象空间更适合培养学生的想象力，我设计了这种课型。

具体操作模式：精选一段适合学生欣赏的音乐，放给学生听，让学生根据听时的感受，在头脑中勾画一幅画面，并迅速把这幅画面描述（写）下来，然后阅读、交流、评议。

这一训练可以是口头作文，也可以是书面小作文，一般以小作文训练当场反馈为主。听的时间大约10分钟，以便使学生有充足的时间想象。

学生在15分钟内可以根据自己的感受写成一篇想象小作文，然后利用剩余的20分钟进行交流，最后请写完的学生到讲台前读自己写的文章，大家评议。

这样的音乐想象作文，学生的感受不同，想象的画面也各有不同。因此，欣赏起来颇有情趣，写成的文章也各有特点，学生的思路也会在欣赏中大开。

我曾把《二泉映月》放给学生听，但事先没有告诉学生这就是阿炳的名曲《二泉映月》，结果学生的想象各具特色：有的学生想到的是一个阳光灿烂的春天，蝶舞鸟鸣，溪流潺潺，阳光温暖地照射着大地；有的学生想到的是一个晴朗的夏夜，明月映照着大地，一位征人正在思念自己的家乡；有的学生想到的是在一条潺潺的河流旁，几位妇女正在举目眺望；有的学生想到的是一群儿童嬉戏在夜晚的河流旁……

不同的感受，不同的想象，学生在兴趣盎然的情况下创作出了别具一格的作品，他们在共同的交流中思路大开，在共同的欣赏中提高了写作的兴趣，在不断的登台阅读中锻炼了自己的能力，想象力和创造力发挥得淋漓尽致。

更为有趣的是，当最后总结时，我告诉学生三句话：第一，这首曲子的名字是《二泉映月》；第二，大家写成的文章都是非常优秀的；第三，"一千个读者就有一千个哈姆雷特"。学生先是惊奇、感叹，随之是高兴，最后是一阵热烈的掌声。

二、"配音"小作文

"配音"小作文就是精选画面，录制下来，但消去声音，把这幅画面放给学生看，然后让学生为这一幅画面配音，并写出一篇故事小作文。学生给画面配音之后，自然就成了一个个不同的故事，再要求学生读自己写的故事小作文，并把配音画面放给全班学生看。学生看到一个个配音不同、情节各异的故事画面，并将其与配音者写的故事小作文相比较，常常会开怀大笑。学生的想象力和创造力也就在这"配音"——"欣赏画面，共同交流"——"大笑，感悟"中得到培养与塑造。

这一环节需要用到录像机、电视机和录音机，并且一个个依次配音的话，时间可能要长一些。课下事先做好准备（配好音），课上表演，效果要好一些。

如果条件不具备的话，可以稍做变化：教师事先准备录制好的画面，在课堂上放给学生看，学生根据所看到的画面，在纸上写下自己的配音内容，而后模仿画面上的人物，把人物的对话表演给大家听。这样处理，在课堂上就可以当场表演，效果也不错。

当然，我们也可以先把画面放给学生看，让学生自己准备录音机，录下自己为画面配好的声音，在课堂上放给其他同学听。

我曾经把一些课文中的画面录制下来，放给学生看，让学生为其配音，并相应地编制成一个个不同的小故事。

我曾把《祝福》中祥林嫂自言自语的画面录制下来，也曾把《项链》中玛蒂尔德向朋友借项链的画面录制下来，让学生配音，并让他们描述自己所想的故事。学生为他们配了不同的对话，也编成了一个个不同的故事。等学生表演完毕，我才让他们去读《祝福》与《项链》，学生读完原文之后才高呼"上当"，并开怀大笑。

另外，我还设置了一些漫画画面，让学生为其配音，并写成一篇篇小作文。学生更是情趣盎然，文思敏捷，常常是灵感忽至，一挥而就。

三、"情境—想象"作文

我曾把国庆阅兵式的雄壮场面放给学生看，让学生在15分钟之内写下所见场景，并把想象的场景描述出来。我也曾把朱镕基答记者问的场景放给学生看，让学生描述场景，并加以想象，把想象的场景写成文章。

这样不仅锻炼了学生的观察力和描述能力、语言组织和表达能力，还锻炼了学生的想象力和创造力。

这一训练，需要注意以下问题：

第一，精选画面与情境，使学生有所思，有所想，有话可说，才能放飞他们想象的翅膀。

第二，引导学生仔细观察，并在此基础上拓宽想象的空间。

第三，教授学生观察和想象的有效方法。

第四，注意及时鼓励与有效引导。

第五，让学生留心日常所见，记下所见所想。

四、"比较"作文

为了拓展学生思维，培养学生的想象力和创造力，我们可以让学生写"比较"作文。

1. "录音比较"作文。

我们可以把两篇文章放给学生听，让学生比较其语言，比较其人物，甚至抓住其精彩段落进行比较，从而拓展学生的思维。

2."画面比较"作文。

我们可以借助录像机，把两篇文章的相关画面放给学生看，让学生比较其不同，进而写出想象文章。

我曾把《邹忌讽齐王纳谏》中邹忌讽谏齐王的一段话和《触龙说赵太后》中触龙劝说赵太后的语言放给学生听，使学生身临其境，在仔细听、深入了解、真切感受的基础上，对两人的劝说语言进行比较，进而分析人物心理，探究人物所处的时代背景，总结人物性格，并借助逆向思维，假设历史人物来到今天的情景。这样，一篇篇富有时代气息和个性的文章就出现在我们面前。学生的思路打开之后，想象力和创造力也就真正培养了起来。

我也曾把《鸿门宴》与《廉颇蔺相如列传》中扣人心弦的斗争场面放给学生看，让学生比较其不同。通过观看斗争场景，比较其差别，学生的想象力和创造力真正得到训练与培养。一位学生曾比较两个故事中的场景，并归纳前者为"有险而无惊"，后者为"有惊而无险"，可谓一语中的，分析精妙！

利用电教手段的关键在于联系实际，精当地选择，恰到好处地运用，从而激活学生的思维，放飞想象的翅膀，激发学生的创新意识，使学生更好地步入现代化的明天！

第五篇

质疑辩难见真知 5

——文本解读与疑难问题解答

"一望一想一悲一叹"话"悲情"

——《滕王阁序》"兴尽悲来"之品读

"遥襟甫畅，逸兴遄飞。爽籁发而清风生，纤歌凝而白云遏。睢园绿竹，气凌彭泽之樽；邺水朱华，光照临川之笔。四美具，二难并。穷睇眄于中天，极娱游于暇日。天高地迥，觉宇宙之无穷；兴尽悲来，识盈虚之有数。望长安于日下，目吴会于云间。地势极而南溟深，天柱高而北辰远。关山难越，谁悲失路之人？萍水相逢，尽是他乡之客。怀帝阍而不见，奉宣室以何年？"

这是鲁人版第四册选文王勃《滕王阁序》中的一节，前几个句子写兴致高昂，管弦之盛，歌声之美，宴会之豪华，人物之高雅。"四美具，二难并"，心绪为之一转，感情为之一动，由喜悦顿生悲慨，然后体悟天地之大，宇宙之无穷，心绪急变——"兴尽悲来"。

诗人放眼宇宙，触景生情，仅用了"一望一想一悲一叹"就把悲情表达得酣畅淋漓。

一望："望长安于日下，目吴会于云间。"

关于"望长安于日下"，《世说新语》中有过这样的故事：

晋明帝小时，坐在元帝的膝上。有人从长安来，元帝问洛阳的消息，潸然泪下，痛哭流涕。

晋朝的都城原来在洛阳，匈奴兵攻占洛阳后，又于公元316年攻占长安灭掉西晋。公元317年晋朝皇族司马睿不得不逃到江南的建康（今南京）重建晋朝，史称东晋。现在有人从长安来，晋元帝自然会想了解长安特别是故都洛阳的情况。但这时洛阳已在异族统治之下且破败不堪，想到这里，晋元帝自然会"潸然流涕"。

元帝问："你认为长安和太阳哪一个距离我们远？"明帝说："太阳远。不曾听到有人从太阳边来，就知道太阳远。"元帝非常惊奇，第二天在群臣宴会上把这件事告诉了群臣，又重新问明帝，他回答说："太阳近。"元帝问他为什么回答不一样，他回答说："抬头就能看到太阳，却见不到长安。"

明帝前后回答之所以不同，是因为场景不同，一个是在家中，面对的是父亲；一个是在群臣宴会上，面对的是诸位大臣。

正因为场景不同，小小年纪的明帝回答的目的也有所不同：前者是对父亲的劝慰，后者则是对众大臣的劝勉和激励。我们毕竟距离长安要近一些，我们还能见到长安，不必顾虑故都的存亡，这是对父亲忧思故都之宽慰，此乃"太阳远"之解答；你们如果不振作精神，鼓舞士气，长安就会沦陷，我们就会亡国而无家可归，这是"太阳近"之解答。

一种劝慰，一种激励，小小年纪，场景不同，应变能力如此，确实难能可贵。我们赞赏明帝的机变能力，为他的智慧、果敢而称奇，更为他虽年少却具有远见卓识而叹服。

正因为这个故事，"日下"也就成为长安的代名词。日下即长安，云间即吴会，"望长安""目吴会"实际上是思念皇都，思念、期盼皇帝的朝见。王勃此情与元帝何其相似，太阳茫远，日落之处苍苍茫茫，云海之间邈远一片，遥不可及，感叹，焦灼，痛苦，无奈，种种感情，隐含其中。

一想："地势极而南溟深，天柱高而北辰远。"

地势偏远，南海深邃，天柱高耸，北极星远悬。

"南溟"，指南方的大海，出自《庄子·逍遥游》："是鸟也，海运则将徙于南冥（溟）。南冥者，天池也。""天柱"，传说中的擎天之柱，出自《山海经·神异经》："昆仑有铜柱焉，其高入天，所谓天柱也。围三千里，员周如削，铜柱下有屋，壁方百丈。""北辰"，北极星。这里"天柱""北辰"都暗指国君。

此处所想、所写是指天高地远，皇都遥不可及，遥不可望，报国无路、济世无门之感，郁积于胸，无法解脱，不可宣泄。同时，此两句玄想宇宙的广漠洪荒，衬托人生的渺小，从而引发下文的感慨。

一悲："关山难越，谁悲失路之人？萍水相逢，尽是他乡之客。"

以上两句，一问一答，无限悲情喷薄而出，怀才不遇，形影相吊，无人劝慰，无人引见。滕王阁上人才济济，欢声笑语，而自己宦海浮沉，身世飘零，空有才学，却不能施展。此去南方，探望自己屡遭贬谪的父亲，内心之痛，之怨，之不平，不言而喻。

此时此刻，满眼皆是他乡之客，转眼人去阁空，来去匆匆，别后尽是凄凉……

一叹："怀帝阍而不见，奉宣室以何年？"

此两句关联两个典故。"帝阍"，为天地看门的人，这里指君王的宫门，引申为朝廷，出自屈原《离骚》："吾令帝阍开关兮，倚阊阖而望予。""奉"，侍奉。"宣室"，汉未央宫正殿。汉文帝时，贾谊迁谪为长沙王太傅，四年后，文帝把他征回长安，召见于宣室。这里用此典故以自况。

此为发自内心的嗟叹，怀想但不能被召见，奉宣室但不知等到何年何月何日！这是直抒胸臆的坦言心怀，既是身世不平的哀痛，又是怀才不遇的苦闷，更是报国无路、济世无门的焦灼呐喊！

王勃年少气盛，才华横溢，难免心高气傲。后来，因为写了《檄英王鸡》，得罪了高宗皇帝，被逐出京城，可是他仍然希望能"怀帝阍""奉宣室"，却觉得"关山难越"，只能是"日近长安远"，空自嗟叹了。

不仅如此，写完《滕王阁序》之后，王勃在探望父亲回归的途中，溺水惊悸而死。此序成为他人生终结之前的绝唱。

总览这一片段，诗人仅借用"一望一想一悲一叹"，共五十八个字，巧妙地借用典故，就写出了自己兴尽悲来——心理情感的变化以及郁积于胸的感情，抒发了报国无路、济世无门的心怀。

尽管这一段文字不能与"落霞与孤鹜齐飞"歌咏山河风光的佳句相媲美，也不及"穷且益坚，不坠青云之志"影响深远，但诗人却借助"一望一想一悲一叹"，把自己的理想不能实现、壮志不能酬的深沉孤独感化为一曲沉郁的悲情曲，拨响了读者的心弦，引发了他们思想感情上的共鸣，使《滕王阁序》这篇文章成为流传至今的千古绝唱。

孔子的理想境界与诗意情怀——兼谈"吾与点也"

在《子路、曾皙、冉有、公西华侍坐》一文中，孔子让围在自己身旁的几个弟子畅所欲言，说出各自的理想。

（曾皙）曰："莫春者，春服既成，冠者五六人，童子六七人，浴乎沂，风乎舞雩，咏而归。"

此是孔子最赞同的回答，大意是说：暮春时节，天气变暖，已经可以穿春天的衣服了，和五六个成年人，六七个少年，到沂河里洗洗澡，在舞雩台上吹吹风，一路唱着歌回来。

"浴乎沂，风乎舞雩，咏而归"一句中的"舞雩"是鲁国举行求雨仪式的祭坛，位于曲阜东南。现存的舞雩台，东西长120米，南北宽115米，高7米，是曲阜有名的旅游景点。这句话中的"沂"指的是沂河。

"吾与点也"表达了孔子的思想，最起码孔子当时的心理与曾皙是相通的。

透过文字表层，思考"吾与点也"的真正原因，我们来探究一下孔子的理想境界与诗意情怀。

第一，对自由惬意生活境界的追求。

曾皙的回答，描述了一种春游的情景，寓于自己的理想，也是孔子的理想。一是希望我们今天还有一个可以放心沐浴畅怀的山水环境；二是在世界的和谐中能够体会到真正平等放逸的生活。这就是对自由惬意生活境界的追求。因此，夫子喟然叹曰：吾与点也！

第二，对自由、开阔、洒脱的美好教书育人境界的追求。

曾皙的回答描述了这样一幅画面：阳春三月，脱掉厚棉衣，轻装盈步，几个成年人带上一群小儿，在河水里嬉戏，然后吹吹风，晾干肌肤，唱着歌回家了。天地间，一群知时节的人，一群纯真无忧的人，一群生命在起舞。这让人想起"面朝大海，春暖花开"，想起海德格尔的"诗意地栖息"。或许，在孔子眼里，这也是最理想的教学情境吧。在露天的课堂里，阅读的是自然，沐浴的是身心，俯仰的是天地。

孔子时代，天下无道已久。孔子周游列国，无一处能行其道，所以回到鲁国以后，就在家隐居以求其志，一面教学，一面删定诗书，作《春秋》。

这一段表达的正是一种生活美学和价值观，是孔子对自由、开阔、洒脱的美好教书育人境界的追求。

第三，孔子对礼的追寻——诗意境界的根源，对儒家之礼的尊行——与民同乐。

听完弟子们的话以后，孔子认为：子路不够谦让，冉有、公西华过于谦虚，曾皙的想法最好。

曾皙的理想其实就是与民同乐，创建一个百姓安居乐业的和谐社会。孔子提倡礼乐治国，向往大同世界，希望回到一种太平盛世中去，充满人性的社会中去。曾皙的理想与孔子"礼乐治国"的观点是一致的，所以孔子赞同曾皙的观点。

第四，路途劳顿，屡次受挫之后，一种心灵的慰藉。

《论语》："子路宿于石门。晨门曰：'奚自？'子路曰：'自孔氏。'曰：'是知其不可而为之者与？'"大意是：子路在石门过夜。守城门的人问："从哪里来？"子路说："从孔氏那里来。"守门人说："就是那个明知做不到却还是要做的人吗？""知其不可而为之"是对孔子一生最为精准的概括。历经多年的辗转流离，路途劳顿，孔子依旧心志不改，其遭受的挫折不言而喻，他渴望暂时休息，渴望一片净土供自己修养身心。因此，我们可以认为孔子赞叹之缘由：路途劳顿，屡次受挫之后，一种心灵的慰藉。

第五，委婉地劝诫，循循善诱，不露痕迹。

面对曾皙最后的询问，孔子奔流而下的一连串反问作答，读来是颇有情趣的，深意在于循循善诱，有痕迹地顺水推舟，暗藏着丰富的玄机，即表面句句是针对子路的批评，暗中却又句句含有弦外之音。虽然对曾皙无为之为、礼乐之治、行儒祈祷的浪漫主义之举颇加赞赏，但对三子积极入世的现实主义治理之道并未否定，这情感充沛的答复实际上是对曾皙的旁敲侧击，也是一种善意的批评和指教。

文本解读中被忽略的

　　课堂教学中，文本解读需要联系写作背景，关注作者的人生经历，探究文章表达的深层内涵，个别句子的深刻含义，还需要了解其他作家对这一文本的解读以及不同学派对这一文本的感情倾向，而接受体——学生的情感认识也是至关重要的。

　　在总体感悟的基础上，关注细节，发掘精彩，才能引领学生感知文本的无穷魅力，感受语文的真谛。孙绍振先生说："要在学生忽略掉的、以为是不言而喻，甚至是平淡无奇的地方，发现精彩，而且揪住不放，把问题提出来，也就是把矛盾揭示出来。"这就强调了细微处发现精彩的重要性。而具体教学中，很多细节常常为我们所忽略。

　　下面谈一下文本解读中被忽略的一些东西。

一、文本解读中被忽略的人

　　《套中人》中的促狭鬼易被人忽略，他为什么画漫画来讽刺打击别里科夫？请看东方雪老师的课堂实录。

　　生1：说他杀么，我觉得除了柯瓦连科和华连卡之外，还有一个人，就是那个画漫画的人，也是让他"郁闷"的，书上说"让他难堪极了"。

　　师：噢，这个人差点被我忽略掉了，我们一起研究研究。大家看课文第8段，我问大家一个问题：如果你就是那个画漫画的人，你为什么会那样做？

　　生1：我就是想让别里科夫出丑，让他难堪，谁叫他平时那么招人恨呢！

　　生2：我猜想这个人一定也喜欢华连卡，只是没有勇气表达，所以用了"离间计"来捣鬼。（众大笑）

师：这好像不大可能吧，丑化别里科夫形象，只要再画一张大一点的，贴在全城最显眼的地方就可以了，为什么要画那么多张呢？

生3：从漫画的接收对象上看，发给中学教师和神学教师，显然要在教师集体中孤立别里科夫；发给当官的，大概是想告诉他们："你的奴才居然要跟一个热情孩子结婚了，要出乱子了！"

生4：给当官者的意图不仅是嘲笑别里科夫，也是嘲笑那群当官的，别里科夫更怕的是他的主子会生气，所以他才难堪。

师：看来这不是一个简单的爱捉弄人的"促狭鬼"，倒像是一个很讲究斗争策略的——（部分学生小声说：地下党、革命者）

生5：我还注意到漫画的题名："恋爱中的anthropos"。之所以是希腊语中的"人"，是因为别里科夫是教古代语言，大概就是希腊语吧，目的是嘲笑别里科夫，"人"已经不存在了，都变成了一具具会移动的僵尸。

师：大家的推想大胆而又新颖。不管怎么样，画漫画的人富有斗争机智，斗争手法犀利，与正面斗争的柯瓦连科、华连卡一起，构成了丰富的"新人"形象。从这个意义上说，这篇小说的主题是不是完全揭露了沙皇专制制度的黑暗？

生：不是。

师：应该说不仅仅是。在这还存活着千万个别里科夫的重重黑暗中，也还透露出一丝光亮，一丝怎样的光亮？

生：朦胧的、淡淡的、热切的……

从该教学案例中可以看出，一个容易被忽略的人，在学生的深层思考与探究中被挖掘出来，教师的引导使课堂教学不断走向深入，学生的认识也逐渐趋向深刻。此过程中，学生已经不仅仅是在解读文本，而是在体验，也正是因为有了这样真切的体悟，才有如此精彩的猜想和评价。教师与学生一道解决问题，融入学生的讨论，使课堂精彩频现，收到传统的小说阅读教学模式所无法达到的效果。

另外，华连卡在别里科夫死后的落泪有什么深意？《兄弟》中为什么写到鞋匠的哥哥？《赤壁赋》中虚化的"我"有什么意味？这些都是值得我们思考的问题。只有关注这些次要人物，或者说不主要的人物，才能立体地、多维地、辩证地解读文本，而不是断章取义或曲解文本。

二、文本解读中被忽略的物

文本解读中，许许多多的物常常被忽略。我执教《祝福》，发现了其中被忽略的钱。

师：同学们，《祝福》一文中有多处写到钱，你们能找出来吗？

生1：初到鲁家的工钱，每月五百文。

生2：于是算清了工钱，一共一千七百五十文，这就是婆婆从鲁家支走的工钱。

生3：老师，我发现了，卖祥林嫂的钱是八十千，娶第二个儿媳，也就是娶亲费用是五十千，除去办喜事的费用，剩余的是十多千。

师：还有其他的发现吗？

生4：捐门槛的价钱，大钱十二千。

师：对，大家整理得比较全了。小说中零星的关于钱的表述，与祥林嫂有直接关联的，概括起来主要有以下四处：①初到鲁家的工钱，每月五百文；②婆婆从鲁家支走的工钱，是一千七百五十文；③卖祥林嫂的钱八十千，娶亲费用五十千，剩余十多千；④捐门槛的价钱，十二千。

那么，这些钱的描述有什么作用呢？

生5：反映了祥林嫂所受的压榨，层层的盘剥让她走向死亡的边缘。

生6：以小见大地剖析了封建制度下政权、神权、族权、夫权对下层劳动人民的无情压榨。

师：对，同时阐述、印证礼教杀人的实质。"人世间的惨事，不惨在狼吃阿毛，而惨在礼教吃祥林嫂。"许寿裳的话就是对此主题一针见血的解读。

是的，鲁镇住满了吃人者，他们自己被吃，又转过来吃人，他们组成一支浩浩荡荡的队伍，有的笑吟吟，有的流着泪，有的皱着眉，他们张着血盆大口，露着尖利的、白森森的牙齿，对着牺牲者——祥林嫂，时刻想要撕咬吞噬她！祥林嫂就是在这样的环境中竭力挣扎，逃避着被吃的命运，但最终还是葬送于比死亡更恐怖的毁灭中。是封建制度、封建礼教夺走了祥林嫂的生命。

文章的主旨，从"钱"上可以窥出一斑。此主题在《狂人日记》中也可得到印证：这历史没有年代，歪歪斜斜地每页上都写着"仁义道德"几个字，我横竖睡不着，仔细看了半夜，才从字缝里看出字来，满本都写着两个字"吃人"！

这一课例，透过"钱"这一意象，借助对文本的深刻思考，使学生明白，残酷的压榨、精神的酷杀使祥林嫂逐渐走向死亡的边缘。

再如《项链》中玛蒂尔德乘载的旧马车，这种车大白天不敢出来载客，直到晚上才出来，就反映了当时巴黎社会人们的爱慕虚荣，这是一种普遍的现象，这就是玛蒂尔德生存的社会，这才是玛蒂尔德爱慕虚荣思想的土壤。

三、文本解读中被忽略的情感

《项脊轩志》中作者欲功成名就、一振家风的情感，常常被人忽略。

多数教师在讲述《项脊轩志》时，往往以"多可喜，亦多可悲"为切入点，简单点染项脊轩重修之后的喜悦，重点分析作者悲痛至极的情感：功业未成之悲，家道衰败之悲，对祖母、母亲、妻子深深的愧疚与怀念之悲。

确实，亲人的离世，让作者感悟到生命的无常与悲凉，而族人的分崩离析、家族的衰败与经济衰微，竟让一个读书者寻找不到一处僻静幽雅的所在，只能读书于尘泥渗漏的旧书房，这是古代文化人的悲哀所在，也是文章引发共鸣的力量所在。

但文本告诉我们的就是单纯喜与悲的情感吗？詹丹在《空间的毁坏与修补——对〈项脊轩志〉思路的另一种理解》中这样解读。

作者写老妪对自己已经去世的母亲的回忆，写自己回忆祖母生前的话语，虽然也落泪，甚至号哭，但不是那种绝望的、虚无的悲痛，而是带着温暖而非凄凉的伤感，其对生命的感召力，是向上的、奋发的。正是这样的情感，使得作者能以巨大的意志力，把自己禁锢在斗室中，为将来出人头地、振兴家族而努力读书，并且相信，项脊轩作为保存这情感、意志力记忆的小屋，是得到上苍保佑的，"轩凡四遭火，得不焚，殆有神护者。"也正是这个原因，作者才对自己的未来有相当的信心，并在当初成稿的总结中，如此议论：

项脊生曰："蜀清守丹穴，利甲天下，其后秦皇帝筑女怀清台；刘玄德与曹操争天下，诸葛孔明起陇中。方二人之昧昧于一隅也，世何足以知之，余区区处败屋中，方扬眉、瞬目，谓有奇景。人知之者，其谓与坎井之蛙何异？"

可惜的是，这一段文字在选入语文教材的过程中被删除了，从而使昂扬的基调得到了弱化，在一定程度上，导致语文教师过于简单地、纯粹地用悲情来解读文章后半部分。

省去的这段文字，表明了作者的心志，他与孔明一样，是胸怀大志，将来成名于天下的人。作者想功成名就、一振家风的情感，不言而喻，其中昂扬的感情基调，也可窥见一斑。

至此，拨云见雾，《项脊轩志》中作者想功成名就、一振家风的情感，才得以完整的了解与初步的印证。

再如，《赤壁赋》中，"月明星稀，乌鹊南飞，此非曹孟德之诗乎？"引用曹操《短歌行》中的诗句表达了作者怎样的情感？实际上，作者真正想要说的重点是"乌鹊南飞"后面的"绕树三匝，何枝可依"，此处引用诗句既是为了水到渠成地引出后文对曹操的追忆怀思，感叹英雄不在，又隐含着对宋神宗的怨艾之情。

鲁迅先生说过，作品的一些极要紧、极精彩处往往不易看出，能看出就是能力。关注立体化的人，思考复杂的真实的情感，来带动具体化的文本解读，才是文本解读的上策，才有利于学生的读懂学会。照搬教参常常会使语文教师的课堂教学"失语"，使语文教学走入死胡同。

四、文本解读中被忽略的逻辑关系

《最后的常春藤叶》中，为什么琼珊把自己的生命寄托在一片叶子上？其间有什么必然的逻辑关系？

当学生询问这一问题时，我是无语的，因为在备课时我忽略了其中的逻辑关系。课后查阅资料，孙绍振先生在其《文本细读》中说："首先她是画家。她对画面最为敏感。其次，叶子很平凡，但在这里，作家赋予它以生命在凄风苦雨中顽强生存的意味。这就不完全是现实的描写，更多的是诗意的象征。最后一片叶子，成为生命的一种象征，不是一般的象征，而是战胜死亡的象征，它象征着生命的信念。"孙先生是从琼珊的职业身份和叶子的诗意象征来解读阐释这一逻辑关系的，但似乎并没有触及常春藤叶和生命之间的深层逻辑关系。

实际上，常春藤代表酒神——狄奥尼索斯（Dionysus），有欢乐与活力的象征意义，同时也象征着不朽与永恒的青春。希腊神话中就有这样的传说：俊美无俦的酒神头戴葡萄枝和常春藤编成的花冠，手执缠着常春藤、顶端缀着松球的神杖走在队伍的前面；随从们喝得醉醺醺的，围着他边唱边叫、乱奔乱跑，或者跳起节奏欢快的旋舞。这就是这一说法的具体印证。

尼采将酒神作为艺术的代表，也说明了常春藤代表着艺术的常青。琼珊视叶如命，其实是把艺术作为自己的精神支柱。琼珊幻想自己的艺术之树常青，幻想留住自己的青春，当梦想破灭，自己也失去存在的价值。艺术上的这片叶子也就担当起了风雨的洗礼，超越了自然界那片叶子的生命有限性。

相对而言，这种解读容易为读者接受，这才是两者之间的逻辑关系。

笔者第二次执教本课，学生提出如下疑问：作者为什么把琼珊数常春藤的数字写得那么详细？常春藤对琼珊到底有什么特殊意义？

学生的回答：常春藤叶给琼珊带来生的希望。贫民窟，暴风雨，特定的环境之下，琼珊认为自己就如同飘摇的落叶，不能掌控自己的命运，所以把生命、生死寄托于一片随时都可能飘零的叶子上，期盼在此种环境之下能出现生命的奇迹，叶子顽强存活，生命之树常青。同时，这和作者欧·亨利不能掌控自己的命运有着相通之处。毕竟，作品是作者心灵的反映。

对这一回答我是赞同的，因为学生开启了思维，学会了思考，得出了自己的符合逻辑规律的见解。

再如《师说》中，三组对比的内在关系常常被教师们忽略。其实，这三组对比有着严密的逻辑关系。

第一组对比，即"古之圣人"与"今之众人"的对比，引发世人思考：要从师学习。第二组对比，通过自相矛盾、荒唐可笑的事例，批判了世人逆情悖理的荒谬价值观和畸形的思想方式。第三组对比，将斗争矛头直指当时思想占统治地位的士大夫之族，点明"师道不传""师道难复"的士大夫之族难辞其咎。

三组对比，逐层深入，针砭时弊，具有极强的逻辑思辨力量，起到了振聋发聩的作用。

对于文本解读中很多被忽略、被误读的逻辑关系，不仅学生不认可，教师教起学生来也觉得别扭而心虚。为此，只有精心思考，不断探究，寻找到合理的解读，才是语文教学的探究价值所在。

文本解读需要语文教师用生命去体验、用智慧去领悟、用经验去阐释、用理性去洞彻，这样，学生的能力才能逐步养成，核心素养的培养才有可能落到实处。王尚文曾说："倾听文本发出的细微声响。"文本解读中有很多被忽略、被误读的东西，我们不能单纯躲避，应该静心思考、关注心灵、反复推敲、科学发现，得到合适的可以科学解读的答案。这才是语文教师的涵养和责任所在，也是我们充实升华心灵、感受课堂魅力、感知职业幸福的力量源泉。

参考文献

［1］孙绍振.名作细读——微观分析个案研究［M］.上海：上海教育出版社，2009.

［2］区培民.语文案例教学论［M］.合肥：安徽教育出版社，2013.

［3］詹丹.语文教学与文本解读［M］.上海：上海教育出版社，2015.

《赤壁赋》疑难解答

学生留言：老师，苏轼因"乌台诗案"被贬黄州，那么"乌台诗案"的具体情形是怎样的？你能告诉我吗？

教师回帖："乌台诗案"是元丰二年发生的文字狱。乌台，《汉书·朱博传》记御史台中有柏树，野乌数千栖居其上，因称御史台为"乌台"，也戏指御史们都是"乌鸦嘴"。

元丰二年七月二十八日，御史台的官吏奉命从汴京赶到湖州衙门，当场逮捕了苏轼，这是怎么回事呢？原来从六月以来，御史中丞李定、舒亶等人先后四次上书弹劾苏轼。他们摘取苏轼《湖州谢上表》中的语句和此前所作诗句，认为是"讥讽文字""愚弄朝廷""指斥乘舆"（皇帝的代称），"无尊君之意，亏大忠之节"。宋神宗随即下令御史台审理，这就是闻名于世的"乌台诗案"。

学生留言：老师，文章中的"客"是谁？采用这种主客问答的方式有何作用？

教师回帖：文中的"客"不是具体的某个人，而是作者心灵的写照，可以说就是苏轼自己。主客问答正是苏轼贬谪黄州后，苦闷与迷惘心情的反映。

采用主客问答的形式来写，作用在于，苏轼思想上的苦闷要在哲学上、精神上得到"解脱"，这与其他文人墨客明显不同，所以借"客"之口表达了自己的悲情。这也是沿用赋家"主客问答，抑客伸主"的方法，通过主客问答，具体阐明万物变与不变的道理，使自己精神超脱于无益的悲观。

这样，凭借哲学上、精神上的超脱，苏轼的精神世界也就随之达到了一个更新的境界。

学生留言："哀吾生之须臾，羡长江之无穷"，反映的是苏轼的消极情绪吗？

教师回帖："哀吾生之须臾，羡长江之无穷"，即感叹人生的短暂，羡慕长江的无穷。苏轼当时政治上失意、仕途上受挫、生活上落魄，一连串的打击使他陷入苦闷与迷惘之中，产生"哀吾生之须臾，羡长江之无穷"的感慨，对一个封建社会的文人士大夫来说，是很自然的。但是，月夜美景和大江泛舟给他带来了舒畅心情，酒酣后凄怆的洞箫声，使他从水的流逝、月的盈虚中领悟到物的变与不变。而随着水与月的长存无穷，每个曾经伴着长江与明月的生命也一样都会长存，都属无穷，这就是所谓的"则物与我皆无尽"。最终作者的心情趋于旷达，由此来看，不是消极的。

学生留言：作者引用曹操《短歌行》中的诗句，描绘赤壁一带的山川景色，追忆当年曹操的英雄气概，连用两个带有启示性的发问，作用是什么？

教师回帖：作者引用曹操《短歌行》中的诗句，描绘赤壁一带的山川景色，追忆当年曹操的英雄气概，连用两个带有启示性的发问，不仅使行文泛起波澜，更重要的是引起人们的怀古之情。

当年不可一世的曹操，亲率几十万大军，在这赤壁之下惨败。像曹操这样的英雄人物转眼间就消失了，何况我们这样的凡夫俗子呢？作者通过吊古伤今，表达了自己内心的"悲"。

学生留言：苏轼在《赤壁赋》中多处多次写到"江月"。"江月"意象在文中有什么作用？

教师回帖：第一，江之多意、月之多情成就了文章清旷不俗的意境。而言皓月清朗，实言心境明澈；言水波不兴，实言心绪从容。在如此平和清雅之夜，浊世遁隐，尘俗不见，苏子携友泛舟，饮酒诵诗，其勃勃逸兴不难会得。

第二，写怨客吹箫吊古，江月又成为一连串怀古情结的发端。正是由稀星明月引出孟德其人，也正是由滔滔江水怀想千里舳舻……然而岁月流转，世易时移，江月犹在，山川易主。这一切令兴衰之叹、伤怀之感愈加耐人寻味。

第三，由江之无穷、月之如故引出了须臾人生的感叹。于苏子，水之不复、月之盈虚启示了变与不变的哲理——物我皆恒，何羡长江！明月山间意不尽，清风江上韵无穷！何不共适造物之藏？

学生留言： "客有吹洞箫者，倚歌而和之。其声呜呜然，如怨如慕，如泣如诉；余音袅袅，不绝如缕。舞幽壑之潜蛟，泣孤舟之嫠妇。"所用比喻的具体作用是什么？

教师回帖： 此处苏东坡化抽象为形象，将飘忽不定的音乐博喻推出，这既是"赋""铺采摛文"的手法，也丰富了音乐的审美空间，使其有了交响乐一般的强度与厚度，很有情感张力，突出了箫声之悲。

《雷雨》疑难解答

学生留言：老师，学了《雷雨》之后，有的同学认为周朴园对鲁侍萍有真情，有的同学则认为周朴园对鲁侍萍没有真情，那到底周朴园对鲁侍萍有没有真正的感情？

教师回帖：周朴园对鲁侍萍是没有真正感情的。

首先，从人物的身份来看，周朴园是一个早期资本家，和所有原始积累时期的资本家一样，他凶残、冷酷、自私、贪婪而又虚伪。对鲁侍萍，他始乱终弃，逼得鲁侍萍抱着刚生下三天的儿子跳河自杀，何等残忍！

在周公馆里，周朴园专横、冷酷、虚伪、狠毒。他骗取繁漪，然而却限制她的自由，稍有不顺心就对其严加训斥，甚至还诬陷其有神经病，逼其天天喝苦药。他对儿子严格、苛刻，毫无父子情谊。

在社会上，周朴园是一个专制的恶霸、杀人如麻的魔鬼。为了发财，他克扣工人的工钱；在包修江桥时，故意制造事故，从被淹死的两千两百个小工的身上捞取昧心钱；还勾结官警，镇压矿上罢工的工人，唆使警察开枪打死矿上三十个工人，干尽了伤天害理的事。周朴园骨子里是一个坏得不能再坏的资本家。

这样一个丑恶、残忍、冷酷、自私、贪婪而又虚伪的资本家是不会对一个下等侍女有真正感情的。如果有真正感情的话，当初是不会残忍地逼走鲁侍萍的。

其次，从事情的前后经过，用发展的眼光来分析，如果说当初周朴园对鲁侍萍有真正感情的话，那是因为鲁侍萍年轻漂亮，给过他真正的快乐和幸福。三十年后，他"眷恋""死了"的顺从、懂事的鲁侍萍，保持房间的旧态和一些旧习惯，并将鲁侍萍美化为贤慧、规矩的小姐……他为什么会如此思念死去的鲁侍萍？因为他自和鲁侍萍分别后，结过两次婚，第一个妻子抑郁而死，第二个妻子繁漪桀骜不驯，儿子周萍对他敬而远之，他常感到家庭生活不如意，所以相比之下，他觉得还是鲁侍萍温柔贤慧，于是他对鲁侍萍的思念便成了他后半生追寻早已逝去的青春年华时经常咀嚼的一种情感，也成了他填补空虚心灵的一种方式。另外，他还通过对亡妻的悼念，把自己打扮成一个多情多义的体面人物，以给妻儿们树立榜样。

当鲁侍萍未死，真实地出现在他面前时，周朴园意识到危及他的名誉地位，马上凶相毕露，撕去了面纱，露出资本家凶狠冷酷的原形。"你来干什么？""谁指使你来的？"声色俱厉地责问之后，便以"现在你我都是有子女的人""从前的旧恩怨，过了几十年，又何必再提呢"等为由，企图稳住鲁侍萍，使其不再提旧事，然后口口声声表白不忘旧情，以期逃避鲁侍萍的谴责，最后竟然以金钱来诱惑："好！痛痛快快的！你现在要多少钱吧！""很好，这是一张五千块钱的支票，你可以先拿去用。算是弥补我一点罪过。"欲以金钱收买，借此掩盖罪恶。想象中的怀念片刻间变成了金钱交易，彻底暴露出剥削阶级固有的伪善、冷酷和金钱第一的本性。

可以说，周朴园怀念的是年轻貌美的"梅小姐"，是已经"死去"的鲁侍萍，不是现实生活中存在的鲁侍萍！因此，他的怀念也是虚伪的，是为了填补他内心的空虚而自设的精神慰藉！这种精神慰藉一遇到现实就变得苍白无力。

真情不是表面的虚伪造作所能"修饰"的。一个被金钱腐蚀的资本家，他的心已如铁石般坚硬，不可能有真情。他对鲁侍萍的所谓"真情"，实际上只是一种"搪塞"、一种"欺骗"和一副"面具"罢了！

《都江堰》疑难解答

学生留言： 老师，长城是世界古代七大建筑之一，也是中华文明的象征。但文章开头就说"都江堰是中国历史上比长城更激动人心的工程"，作者是不是有意贬低长城的价值？为什么用长城与都江堰做比较？在对比的多个方面中，哪个方面是最根本和最重要的？为什么？

教师回帖： 我们首先要认识到，作者是无意贬低长城的价值的。作者认为都江堰是中国历史上的伟大工程，为了更生动清晰地说明这一点，采用比较或对比手法是必要的。在一般人看来，长城无论如何都比都江堰有价值得多，而作者的看法恰恰相反，文章的深度也由此产生。正是在长城文明的映衬下，都江堰文明的特质才更为鲜明地显现出来。用长城与都江堰做比较，是为了强调都江堰更为激动人心之处，同时吸引读者跟随作者的足迹，更深入地了解其中的究竟，引人入胜的效果非常明显。

作者从修建时间、社会功用、延伸距离、文明特征等方面将长城与都江堰做比较，指出都江堰历史更悠久，为民造福更直接，发挥作用的时间更长，今天仍然像最初那样有价值。在这对比的多个方面中，社会功用方面是最根本和最重要的，这不仅因为延伸距离、文明特征等方面是依附于社会功用的，而且因为对社会功用的评价就是文章的核心内容。

学生留言： "如果说，长城占据了辽阔的空间，那么，它却实实在在地占据了邈远的时间"的深刻含义是什么？

教师回帖： 这句话的深刻含义是，长城的美在于空间，它规模宏大，气势宏伟，给人一种巨大的惊悸，但时过境迁，它的社会功用早已废弛，而都江堰直到今天依然在造福人类，给无数民众输送汩汩清流，滋润濡养着"天府之国"，永久性地灌溉着中华民族，它的美具有时间上的长久性。

学生留言："长城的文明是一种僵硬的雕塑，它的文明是一种灵动的生活。长城摆出一副老资格等待人们的修缮，它却卑处一隅，像一位绝不炫耀、毫无所求的乡间母亲，只知贡献。"其中"灵动的生活"指什么？将"都江堰"比喻为"乡间母亲"有什么作用？

教师回帖："灵动的生活"是指都江堰直到今天依然发挥着巨大的作用，依然具有强大的生命力，并将一直延续下去。将都江堰比喻为"乡间母亲"，显示了它不炫耀、无所求、默默奉献的精神。这一比喻生动形象地刻画出都江堰的本质特征：它像母亲一样滋润和濡养着中华民族。

学生留言：老师，第二节中写都江堰的水，写了水流的什么特点？表达了作者怎样的感情？

教师回帖：这一部分写都江堰的水，突出了水流的宏伟气势以及强悍和规整。写水流强悍，以见其凶蛮，说明工程艰险；写水流规整，以见治水人的气度手段不凡，能将水化害为利。字里行间激荡着作者对都江堰的热爱和对李冰的敬慕之情，蕴含着对都江堰巨大社会功用的赞叹。

学生留言：老师，应怎样理解"两种判然不同的政治走向"？"没有证据可以说明李冰的政治才能，但因有过他，中国也就有过了一种冰清玉洁的政治纲领。"这句话有什么含义？

教师回帖："两种判然不同的政治走向"，一种是一些官场丑类的政治走向，他们无所事事，根本无视百姓的疾苦，玩弄权谋，不惜置百姓于水深火热之中；另一种是李冰的政治走向，即拥有利民富民的胸怀与责任感，认定在旱涝成为百姓最大祸患的时候，治水就是最大的政治，政治家就应该成为水利家。

"没有证据可以说明李冰的政治才能，但因有过他，中国也就有过了一种冰清玉洁的政治纲领。"这句话的含义是深刻的。从表面看，李冰显示的只是水利方面的才能，但是当治水成为政治家的首要任务时，政治家对水利工程的倾力投入就成了一种清明的政治，其在水利工程上的实绩就成了其第一政绩。因此，当李冰出于利民富民的考虑而要求自己成为水利家的时候，他确实是向世界宣告了一种冰清玉洁的政治纲领。

学生留言：老师，文中说"他大愚，又大智。他大拙，又大巧"，这种说法是不是矛盾的？

教师回帖： 不矛盾。"大愚""大拙"是说李冰极不擅长蝇营狗苟的为官之道，而只是具有田间老农的思维；"大智""大巧"是说政治家正是由于具有了田间老农的思维，才具备了可贵的实事求是的精神，才有了民本思想，从而能够清晰而透彻地观照人类生存的重大问题。

学生留言： 李冰是怎样的一个人？傩戏中的神变成了李冰意味着什么？

教师回帖： 李冰作为蜀郡守，是一个坚守岗位、以民为本、不求私利、为民着想的人。神的作用是为民造福，人们拜神的目的是祈福，神可以说是老百姓的精神支柱。只有真正为百姓造福的父母官，才有资格成为神。李冰这位父母官，以他的智慧为民造福，深得人们的爱戴。傩戏中的神变成了李冰，意味着李冰为人们所尊敬，已经成了百姓的精神支柱。

《林黛玉进贾府》疑难解答

学生留言：请问老师，与林黛玉"步步留心，时时在意"明显不同，王熙凤显得有些"张扬"。节选部分从哪些方面展示了王熙凤的性格特征？

教师回帖：是的，林黛玉因为寄人篱下，所以"步步留心，时时在意"。而王熙凤是得宠之人，她的刁钻狡黠、善于阿谀逢迎，她的精明能干、惯于玩弄权术，使她取得了贾母的欢心，独揽了贾府的大权，成为贾府的实际统治者。文章从以下几个方面展示了王熙凤的性格特征。

第一，写出场。未见其人，先闻其声。与那些"敛声屏气，恭肃严整"的人相比，王熙凤实在是"放诞无礼"，这正说明她在贾府的特殊身份和地位。贾母戏谑的介绍，除了说明她性格泼辣之外，更说明她是深得贾母宠爱的特殊人物。

第二，绘肖像。不但刻画人物外部特征，而且透露人物性格特征和精神世界。通过王熙凤的头饰、服装，突出了她的贪婪、俗气以及内心世界的空虚；通过"粉面""丹唇"可以看出她外表的美丽，但"三角眼""吊梢眉"则活画出了她刁钻狡黠的本性。

第三，见林黛玉。言谈举止表现感情的变化，反映其内心世界。先是恭维，继而拭泪，最后转悲为喜，入木三分地描绘了王熙凤"察言观色，机变逢迎"的特点。

第四，回王夫人。虽是一带而过的情节，却也是刻画人物的重要一笔。它不仅表现了王熙凤善于机变逢迎的性格，也表现了她精明能干的特点。

学生留言：老师，贾宝玉"摔玉"反映了什么？

教师回帖：贾宝玉"衔玉"而生，"通灵宝玉"是贾宝玉的"命根子"，而贾宝玉是贾母的心尖儿宝贝，王夫人唯一的儿子，贾氏家族光宗耀祖的希望。然而贾宝玉并不看重"通灵宝玉"，他怨恨的一是它谓"通灵"而不能择人之高低；二是自己独有，而"家里姐姐妹妹都没有"，可见他追求的是人与人之间的平等。他喜怒形于色的特点也表现了他性格的率真，"摔玉"也正表现出他对天命的反抗，对世俗的鄙弃，对礼教的蔑视。

学生留言：如何理解《西江月》中对贾宝玉的评价？

教师回帖：《西江月》似贬实褒，寓褒于贬。"潦倒不通世务""那管世人诽谤"充分表现了贾宝玉的叛逆性格。从封建统治者及传统角度看，在世俗眼中，他被视作"愚顽"之徒。换一个角度看，实是他不愿受封建统治阶级束缚敢于反抗的反映。他并非真的"怕读文章"，而是厌恶读礼教的"经典"，如四书五经之类。而"寻愁觅恨、似傻如狂"也表现了他在礼教压迫下难为人知、难得自由的痛苦。

学生留言：作者从哪几个方面描写了贾府这一典型环境？

教师回帖：主要从以下三个方面。

第一，宏伟的外观。处于繁华街市、阜盛人烟之中的贾府建筑，外观宏伟：门前蹲着两个大石狮子；门是三间兽头大门；正门之上有一匾，匾上书写着五个大字。这些不但表现了贾府建筑的宏伟外观，而且暗示了贾府显赫高贵的社会地位。

第二，讲究的布局。比如贾母的正房大院，就设置了一个垂花门、两边抄手游廊和一个安放着大理石插屏的穿堂做掩映，既庄严肃穆，又表现出豪门贵族气派。

第三，华贵的陈设。就"荣禧堂"而言，先以特写镜头详细介绍了堂屋中的匾额，无论是匾的质地花纹、匾上大字的规格还是匾上的题字与印玺，都显示着主人的社会地位；室内的陈设等，都说明了主人的富贵。就是耳房内的陈设和器物也颇为华贵。

另外，节选部分描述的那些礼仪繁复、上尊下卑、等级森严的贵族王侯家族的独特人际关系，更是社会环境的主要方面。

贾府实际上是当时社会的一个缩影。它反映了当时社会上层豪华奢靡的生活，也预示着这一社会的必然崩溃。

学生留言：老师，将题目改成"贾府迎黛玉"或"林黛玉住姥姥家"，可以吗？

教师回帖：不可以。"贾府迎黛玉"这个题目显得过于隆重，抬高了林黛玉在小说中的地位，不如原来的题目那样充分显示贾府的威严。"林黛玉住姥姥家"这个题目虽然通俗，贴近生活，给人一种亲切感，但是贾府不是一般的姥姥家，而是一个声势赫赫的豪门贵族。因此，这个题目将一个"一年三百六十日，风刀霜剑严相逼"的环境温暖化了。《林黛玉进贾府》第一次向我们展现了贾府环境，贾府展示给黛玉的是骨子里的至尊至贵。它是封建大家庭的一个样板，是封建上层统治者的生活写照。

学生留言：课文描写林黛玉和贾宝玉第一次相见的情形，表现了什么？

教师回帖：林黛玉和贾宝玉第一次相见便都有似曾相识的心灵感应，这当然有神瑛侍者以甘露灌溉绛珠仙草的因由。不过林黛玉新到外婆家，言行谨慎，只在心中想道："好生奇怪，倒像在哪里见过一般，何等眼熟到如此！"而贾宝玉娇纵惯了，便直言道："这个妹妹我曾见过的""算是旧相识，今日只作远别重逢"。林黛玉眼里的贾宝玉并非"惫懒人物，懵懂顽童"，而是"一位年轻的公子""面若中秋之月，色如春晓之花。……虽怒时而若笑，即嗔视而有情"。贾宝玉眼里的林黛玉，"与众各别：两弯似蹙非蹙罥烟眉，一双似喜非喜含情目。……闲静时如姣花照水，行动处似弱柳扶风。心较比干多一窍，病如西子胜三分"。这与其说是一见钟情，不如说是精神上的相通相应。"一个是阆苑仙葩，一个是美玉无瑕。"然而这样一对幼男弱女要在这个森严的贵族之家争得自由，其未来的命运不卜可知。

第五篇　质疑辩难见真知——文本解读与疑难问题解答

181

《我不是个好儿子》疑难解答

学生留言：老师，本文主要是记述了母亲的一些事情，作者却以"我不是个好儿子"为题，这反映出作者怎样的思想感情？作者选择的这些生活小事能承载起"亲情"这个厚重的主题吗？

教师回帖：作者选取了母亲对"我"的爱的平凡的九件小事。事情虽小，可每一件都蕴藏着无穷无尽的感人力量，突出了母亲的伟大。母亲勤劳、善良、本分、隐忍、不求回报，而"我"对母亲只能寄钱以求心安理得，所以说"我不是一个好儿子"。以此为标题反映了儿子对母亲的深深感激和因无以报答母亲而倍感惭愧内疚的情感。

第二个问题，我们可以从三个方面来看。

第一，作者善于从小处着笔，叙述日常琐事。这些琐事，时间跨度很大，有近期的，也有作者求学期间甚至小时候的事，都渗透了真挚深厚的母子感情，读来感人肺腑。可谓小事虽小，彰显的母子之情却是伟大的。

第二，这些小事中的好多细节，生动传神，感人至深，足以表现亲情的伟大。如把母亲送出医院，母亲临上车前"再一次整整我的衣领，摸摸我的脸，说我的胡子长了，用热毛巾捂捂，好好刮刮""我回到病房，躺在床上开始打吊针，我的眼泪默默地流下来"的细节，让我们读来不禁热泪盈眶。

第三，文章除写了母亲对"我"的爱和影响、"我"对母亲的爱和歉疚之外，还几次写到父亲，几次写到自己的一些遭遇。这些细微、简略的描写，对写母亲或是铺垫，或是映衬，或是拓展，使文章的内容和思想内涵都更加丰富，文章的意境也更加深远，表达的感情更见深度。可谓"于细微处传精神，于简略处见深度"。

因此，我们可以说，这些小事能承载起亲情这个永恒、厚重的主题。

学生留言：老师，母亲笑着骂"为糖而来，得糖而去"的孩子是"喂不熟的狗"之后，为什么会"呆呆地发半天愣"？

教师回帖："喂不熟的狗"是母亲笑骂孩子们的戏谑之语，指孩子们得了好处却不记恩惠。这却让母亲突然想起了远方的儿子，感叹自己辛辛苦苦把儿子养大成人，最后却连儿子的面都难得见上，更不用说在身边伺候自己了。"呆呆地发半天愣"写出了母亲内心深处的落寞和忧伤，让我们看到母亲需要的绝不仅仅是金钱。

学生留言：老师，文中"把母亲送出医院，看着车越走越远"一段中，"但我如今只能这样啊"和"她把钱收了，紧紧地握在手里"两句话在表情达意方面有什么丰富内涵？

教师回帖："但我如今只能这样啊"饱含作者无尽的酸楚与无奈，自己不能照料母亲，反倒让母亲为自己牵肠挂肚，表现出作为儿子的自责愧疚之情。

"母亲懂得了我的心，她把钱收了，紧紧地握在手里"，母亲收下了并不需要的钱，为的是给儿子的孝心一个回应，减轻儿子内心自责的压力，仍表现出母亲对儿子的体贴关爱。母子二人心灵相通，其至亲至爱的真情感人至深，让我们为之落泪。

学生留言：老师，文中的"现在有人讥讽我有农民的品性，我并不羞耻，我就是农民的儿子"如何理解？

教师回帖：本文最大的特色就是感情真挚，没有半点虚情假意与矫揉造作。许多人碍于虚荣不敢说的话，作者说了；许多人不愿意承认的事，作者承认了。作者强调自己是农民的儿子，他的为人处世也保持了农民那种特有的质朴而深沉的特点。这的确不是一件耻辱的事，相反，更能让我们读出作者的自豪与骄傲。

学生留言：母亲是一个极普通平凡的人，作者为什么说"母亲不是大人物却并不失却她的伟大"？

教师回帖：母亲身上集中体现着普天之下所有母亲共同的伟大的传统美德。母亲的性格给作者以深刻的影响。

《记念刘和珍君》疑难解答

学生留言：文章第一、二节中，鲁迅先生一共三次提到"有写一点东西的必要了"。鲁迅先生一向讲究用语简练，但此处为何如此啰唆？三次"必要"的具体内涵相同吗？

教师回帖：文中三次提到"有写一点东西的必要了"。第一次是"我也早觉得有写一点东西的必要了，这虽然于死者毫不相干，但在生者，却大抵只能如此而已"。第二次是"我们还在这样的世上活着；我也早觉得有写一点东西的必要了"。第三次是"忘却的救主快要降临了罢，我正有写一点东西的必要了"。三次"必要"的具体内涵不相同：第一次是有必要悼念烈士，第二次是有必要揭露这一场暴行，第三次是有必要在人们快遗忘的时候来总结教训意义。这句话三次出现，实际上是强调了作者的写作目的有三：悲痛的悼念、愤怒的揭露和沉痛的总结。

学生留言：《记念刘和珍君》一文是鲁迅先生对"三一八"惨案的评述，但他并没有直接对此事件加以评价，而是以"记念刘和珍君"为题，作用是什么？

教师回帖：文章以"记念刘和珍君"为题，写刘和珍的正义感和责任感，反复写她的"微笑""和蔼"。这可以以一当十，侧面表现请愿群众的群体形象，让人了解这么一批可爱的青年。段祺瑞政府杀害的就是这样一批可爱的青年，流言家诬蔑的就是这样一批可爱的青年，其凶残卑劣便不言而喻，什么"暴徒"，什么"受人利用"，无耻谰言都不攻自破。写刘和珍遇难时，用了一系列特写镜头，枪弹的攒射、大棍的挥舞都历历在目，在弹雨中互相救助的情景也历历在目。这样的特写镜头远比全景式的描写更为细致，能使人想到这场发生在段祺瑞执政府前的惨案的全景。写刘和珍，写北京女子师范大学的追悼会，写程君的话，又真切地反映了惨案之后正义的人们怎样深切地悼念死难者。

学生留言：本文引用陶潜的诗句有何作用？

教师回帖：鲁迅引用陶潜的诗句表示自己希望烈士的精神像高山一样永垂不朽，"永存微笑的和蔼的旧影"，以激励后死者与反动派做斗争。

学生留言："真的猛士，敢于直面惨淡的人生，敢于正视淋漓的鲜血。这是怎样的哀痛者和幸福者？"此处的"哀痛者和幸福者"指的是谁？为什么是"哀痛者和幸福者"？

教师回帖："哀痛者"和"幸福者"都指"真的猛士"，也就是刘和珍等革命志士。这些革命志士，他们为国家、民族的前途，人民的悲惨命运而哀痛，所以是"哀痛者"；他们又为国家、民族、人民的前途而献身感到幸福，所以是"幸福者"。

学生留言："我懂得衰亡民族之所以默无声息的缘由了。"这里的"缘由"是什么？

教师回帖："缘由"就是反动统治者不但极端凶残地屠杀人民，而且进行严酷的思想统治，致使老百姓敢怒不敢言，默无声息，衰弱不振。

学生留言："当三个女子从容地辗转于文明人所发明的枪弹的攒射中的时候，这是怎样的一个惊心动魄的伟大呵！中国军人的屠戮妇婴的伟绩，八国联军的惩创学生的武功，不幸全被这几缕血痕抹杀了。"这句话包含什么含义？

教师回帖："伟大"指三个女子伟大。"从容地辗转"是概括她们互相救助的情况。如此沉勇，如此友爱，其精神之伟大确实令人惊心动魄。"枪弹的攒射"给凶残的执政府以辛辣的嘲讽。"屠戮妇婴"与"惩创学生"是互文，同指制造"三一八"惨案。在三个女子从容、沉勇、友爱的伟大精神反衬下，中外杀人者显得更加卑劣凶残。"伟绩""武功"是他们自己的夸耀，鲁迅用这两个词，当然是反语。

学生留言："苟活者在淡红的血色中，会依稀看见微茫的希望；真的猛士，将更奋然而前行。""苟活"是指什么？"真的猛士"又是指什么？

教师回帖："苟活"，苟且图生存的意思。"苟活"是鲁迅的自我贬抑，说明他对自己的解剖确实到了无情的地步，他不惜贬抑自己来映衬刘和珍等人勇毅的形象，其实鲁迅是大智大勇的真的猛士。"真的猛士"首先是作者的自我策励，又是战斗的号召，鲁迅希望越来越多的人像他一样，看到希望，为希望所鼓舞，奋然前行。

　　学生留言："人类血战前行的历史，正如煤的形成，当时用大量的木材，结果却只是一小块，但请愿是不在其中的，更何况是徒手。"这句话有什么深刻含义？

　　教师回帖：这里作者将人类前行的历史比作煤的形成。"大量的木材"比喻代价巨大的流血斗争。"其中"指流血斗争。木材变成煤需要付出很大代价，人类前进也需要付出很大代价和牺牲，"但请愿是不在其中的"，这就表明请愿是不在这种需要付出代价和牺牲之列的。在鲁迅看来，向反动派请愿难以换来人类历史的前进，请愿不是一种行之有效的斗争方式，因此没有必要为请愿而付出代价和牺牲。很显然，鲁迅是不主张采用向反动派请愿这种斗争形式的，在他看来，应当集中革命力量，以有限的代价去换取更大的胜利，不要做无谓的牺牲。

《听听那冷雨》疑难解答

学生留言：老师，这篇文章从头至尾都流露出作者对故土、对祖国传统文化的深刻怀念和追思，而这种情感又是通过通篇的"雨"表现出来的。那么，作者为什么要选择"雨"作为他表达情感的依托？为什么要强调一个"冷"字？大量地引用与"雨"有关的诗句有什么作用？

教师回帖：作者选择"雨"作为他表达情感的依托，主要是因为：

1. 雨是作者感情的载体，是思乡思国感情的激发点，也是诗人灵魂的寄托。

余光中于1949年离开厦门去香港，1950年到台湾，本文创作于1974年，当时作者离开大陆已经25年了。几十年来，余光中经历了离别家园的痛苦，浪迹天涯的辛酸，却始终在精神上与祖国血脉相连，家国之思时刻郁积心头。台湾春寒料峭中的漫长雨季引发了诗人的思绪，他由春雨绵绵听到秋雨潇潇，由少年听到中年，淡淡的记忆，梦中的雨声、雨韵，在20世纪70年代的台湾却难以再寻。干涸的土地需要雨的滋润，干涸的心田同样需要"雨"的滋润，作者的乡愁是何等的苦楚！雨，具有缠绵悠长的特点，作者选择"雨"做意象是为了寄托、表现缠绵悠长的故国之思。只有在听雨中才能真正找到自己，自己的灵魂也才能安宁。

2. 微寒潮湿的春雨是作者凄冷心情的象征。作者以微寒潮湿的春雨象征自己凄冷的心情，并以雨声、雨景为引子，回忆自己半生漂泊的经历，以寄托对故国河山与传统文化的向往之情，这正是作者家国之思的集中体现。

3. "雨"是故乡亲。本文字里行间流露着对故乡雨的追寻，对故乡的迷恋。写"雨"也就是写家国之思。作者写了他在美国、在中国台湾、在中国大陆的感受，思绪超越辽远的时空，但总是流淌着古中国的记忆和情韵，并

187

始终以这种记忆和情韵去观察，去体会美国西部丹佛山难以体验到的中国韵味和意趣。落基山的奇岩怪石，白得虚虚幻幻，冷得凄凄凉凉，均压得人呼吸困难，心寒眸酸。在台湾溪头，作者枕着润碧湿翠、苍苍交叠的山影，听着那冷雨，只觉其凄迷，感觉不到在大陆疏雨滴梧桐或者骤雨打荷叶的美感。暴雨摧残中，他更思念"杏花、春雨、江南"，更思念自己的国家，自己的家园。

4. 听雨是主线。统观全文，我们知道作者的家国之情主要是通过雨声的描写流淌而出的。文章以听雨（清明时节的雨）为主线，将横的地域感（从美国，到中国台湾，到中国大陆）、纵的历史感（从太初有字，到亡宋之痛，到公寓时代）和纵横交错的现实感（人到中年沧桑过后的洞明人生，现代都市对传统意趣的破坏，对永恒的理想追求）交织成一个形象密集、书写瑰丽、情切意浓的美的境界。不管岁月的漂泊带给人们多少沧桑，那种家国之思永远都不会改变。可以说，余光中用一场冷雨向我们展示了他内心凄凉而缠绵的思乡之情。

文中强调一个"冷"字，是因为，异国他乡，作者的感受是冷的，冰冷的雨与作者的心境是相通的。作者借冷雨抒情，将自己身处台湾，不能回大陆团聚的思乡情绪娓娓倾诉。具体而言，在文章中"冷"有两层含义。

（1）春寒料峭里，雨给人的外在的实在的感受。

（2）作者远离祖国大陆内心产生的凄凉。冷雨，创造了一种凄冷的氛围，表现了诗人凄冷的心境。

大量地引用与"雨"有关的诗句，主要作用是衬托作者对故国河山与传统文化的追思向往之情。作为诗人、散文家的余光中，热爱中华传统文化，有着深厚的文化积淀，乡愁对于他而言，除最基本的对故土的思念之外，更丰富、更复杂的是一种文化感，也就是他对中华传统文化的眷恋。因此，文章中大量引用了有关"雨"的诗句。正是大量精当地引用、化用，使中国古典诗词的意趣在被赋予生命的冷雨中表现得淋漓尽致，同时表现了一个远离故土的知识分子对传统文化的深情依恋和赞美，对祖国家园的深深思念。

《套中人》疑难解答

学生留言：老师，别里科夫身上有哪些有形的和无形的套子？

教师回帖：有形的套子：晴天穿雨鞋，带雨伞，穿棉大衣；戴黑眼镜，用棉花堵住耳朵眼；伞、表、刀装在套子里；坐上马车，支起车篷；卧室像箱子，床上挂帐子。

无形的套子：歌颂过去，歌颂从没存在过的东西；用所教的古代语言躲避生活；只信政府的告示和报纸文章；对不合规矩的事闷闷不乐。

学生留言：老师，别里科夫和华连卡有没有真正的爱情？

教师回帖：没有。自始至终，作者只讲别里科夫的"婚事"，并没有提他的爱情。纯真的爱情是最能打动人心灵的生活内容之一，而装在套子里的别里科夫，从未透露过有活人感情的灵魂，他身上不可能产生爱情，这门"婚事"是在别人撮合、怂恿、游说下昏了头的行为，并在华连卡"响亮而清脆的'哈哈哈'"的嘲笑声中结束。

更重要的是，别里科夫和华连卡代表两种不同的思想，他们是不可能有真正的爱情的，他们的谈婚论嫁也是荒谬的，这也正好显示了作品幽默讽刺的写法。

学生留言：别里科夫是怎么死的？是谁害死了别里科夫？

教师回帖：别里科夫在华连卡的笑声中倒下，就再也没有起来。

我们可以说，别里科夫之死既属于他杀的范畴，又属于自杀的范畴。一方面，从别里科夫日常穿着与习惯，我们不难看出他的思想是极为保守的，仅仅是看到华连卡兄妹骑自行车，他便无法接受，而华连卡并无恶意的笑就足以让他想不开，以致郁郁而死。因此，思想的保守和顽固是促使别里科夫

189

自杀的原因之一，或者说，正是这种极端保守顽固的思想杀死了他。另一方面，别里科夫的死又属他杀。华连卡的笑是别里科夫死亡的直接原因，但根本原因却是沙皇统治者采取的高压政策。可悲的是，别里科夫本人甘当统治者的鹰犬，心灵僵化死亡，这才是杀害别里科夫的罪魁祸首。

学生留言：老师，大家认为别里科夫的死是一件大快人心的事，可是为什么一个星期没完生活又恢复了旧样子呢？

教师回帖：大家认为别里科夫的死是一件大快人心的事，表现了作者对新生活的向往与愿望。不久"恢复旧样子"却是告诉人们愿望和现实还有距离。别里科夫是当时社会的产物，只要当时那样的社会还存在，就会不断出现新的"别里科夫"，生活就还是老样子。只有起来抗争，推翻这种专制制度，人们才能正常、健康地生活，才可以得到宝贵的自由。

学生留言：课文最后一句话有什么深刻含义？

教师回帖：这个结尾含蓄深刻地揭示了改革社会制度的必然性。必须与旧秩序、旧思想做坚决的斗争，必须从根本上推翻沙皇的腐朽反动的统治，才可能有真正自由快乐的生活。

学生留言：作者怎样用幽默讽刺的笔法刻画别里科夫？

教师回帖：契诃夫的小说善用幽默讽刺的手法来刻画人物，对别里科夫的外表打扮、生活习惯、思想认识、神态表情、语言等方面都用了这种笔触。例如，小说开头对别里科夫的肖像和生活习惯的描写，使人感到别里科夫滑稽、可笑、令人厌恶。他白天压得全城不得安宁，晚上躺在被子底下战战兢兢，难以入睡，这一描写将其外强中干之形象刻画得淋漓尽致。对"婚姻事件"的描述充满戏谑和讽刺，如描写他对漫画的态度，对华连卡姐弟骑自行车的惊恐，与柯瓦连科谈话的神情，摔下楼梯时的心理活动，都充满了辛辣的讽刺。